저자_ 서지위(徐志伟)
- 山东理工大学 졸업
- 산동 대중일보 기자 역임
- 건국대학교 신기술융합학과 대학원 졸업
- 2007년 국제대학생 중국어 토론회 한국 대표팀 코치
- [뉴스로 배우는 생생 중국어] 동영상 강의 원어민 강의, 교재심사 및 편집
- LIG ADP 근무
- 現 미지인터내셔널 고문

저자_ 장현애
- 중국 절강대학교 언어 연수
- 어린이 일러스트 연구회 회원
- 2012년 〈동화되다展〉 외 다수 전시회 참가
- 現 미지인터내셔널 대표

가장 알기쉽게 배우는
바로바로 중국어 독학 단어장

저 자 서지위, 장현애
발행인 고본화
발 행 탑메이드북
교재공급처 반석출판사
2024년 11월 10일 초판 7쇄 인쇄
2024년 11월 15일 초판 7쇄 발행
반석출판사 | www.bansok.co.kr
이메일 | bansok@bansok.co.kr
블로그 | blog.naver.com/bansokbooks

07547 서울시 강서구 양천로 583. B동 1007호
(서울시 강서구 염창동 240-21번지 우림블루나인 비즈니스센터 B동 1007호)
대표전화 02) 2093-3399   팩 스 02) 2093-3393
출 판 부 02) 2093-3395   영업부 02) 2093-3396
등록번호 제315-2008-000033호

Copyright ⓒ 서지위, 장현애

ISBN 978-89-7172-839-0 (13720)

- 본 책은 반석출판사에서 제작, 배포하고 있습니다.
- 교재 관련 문의 : bansok@bansok.co.kr을 이용해 주시기 바랍니다.
- 이 책에 게재된 내용의 일부 또는 전체를 무단으로 복제 및 발췌하는 것을 금합니다.
- 파본 및 잘못된 제품은 구입처에서 교환해 드립니다.

탑메이드북

머리말

중국어 공부는 왕도가 없다. 중국어를 정복하고자 하는 굳은 의지와 노력이 가장 중요하다. 다른 외국어 공부도 그러하겠지만 특히 중국어 학습은 단어와의 싸움이다. 많은 단어를 인내심을 가지고 내 것으로 만드는 학습이 매우 중요하다 할 수 있다.

중국에서 공부하던 시절 많은 단어를 수첩에 적어놓고 반복해서 읽고 말하고 현지인과 소통하면서 내 머릿속에 차곡차곡 쌓았다. 그러던 차에, '이런 반복되는 언어 학습을 좀 더 재미있게 할 수는 없을까?' 하는 생각을 갖게 되었다. 그러다가 단어장의 단어에 그림들을 그렸고 잘 외워지지 않는 단어들을 기숙사에서 가장 잘 보이는 곳에 그림과 함께 단어 발음을 적어 붙여놓으면서 단어들을 익혀나갔다. 단순히 글로 익히는 것보다 훨씬 더 머릿속에 오래 남았다.

단어를 이미지화시켜 암기하는 방식이 단순히 글을 통해 암기하는 것보다 효과가 훨씬 크다는 것은 이미 여러 연구 자료를 통해 알려진 사실이다. 어떤 연구에 따르면 그림으로 외국어를 공부하는 것이 글로만 공부하는 것보다 10배나 효과적이라고 한다. 이런 전문적인 조사가 아니라고 해도 실제로 필자에게도 큰 효과가 있었다. 글만 나열되어 있는 단어장보다는 그림이 있는 것이 자칫 지루할 수 있는 반복 학습을 덜 지루하게 만들어주었다. 그래서 필자는 이미지를 통해 학습하는 중국어 책을 다수 저술하였고, 주위에 많은 분이 보고 쉽고 재미있게 학습했다는 평을 많이 해주어 매우 만족스러웠다.

앞에서 얘기했듯이 중국어 학습은 반복에 반복을 거듭하여 자신의 것으로 만드는 것이다. 그래서 많은 인내심을 필요로 한다. 중국어를 필요로 하는 많은 독자들이 이 책과 함께 지치지 않고 재미있게 자신만의 방식을 찾아서 학습해나가기를 진심으로 바란다.

서지위, 장현애 저

도움을 주신 분들

- 서정우_ 건국대학교 신기술융합과 졸업
- 심주_ 건국대학교 경영대학원 졸업

목차

들어가기: 기본 회화표현 * 10

Part 1 일상생활 단어

Chapter 01. 개인소개 * 22
Unit 01 성별, 노소 * 22
Unit 02 가족 * 23
Unit 03 삶(인생) * 28
Unit 04 직업 * 31
Unit 05 별자리 * 35
Unit 06 혈액형 * 36
Unit 07 띠 * 37
Unit 08 성격 * 38
Unit 09 종교 * 42

Chapter 02. 신체 * 44
Unit 01 신체명 * 44
Unit 02 병명 * 49
Unit 03 약명 * 53
Unit 04 생리현상 * 57

Chapter 03. 감정, 행동 표현 * 58
Unit 01 감정 * 58
Unit 02 칭찬 * 61
Unit 03 행동 * 62
Unit 04 인사 * 67
Unit 05 축하 * 69

Chapter 04. 교육 * 70
Unit 01 학교 * 70
Unit 02 학교 시설 * 72
Unit 03 교과목 및 관련 단어 * 74
Unit 04 학용품 * 79

Unit 05 부호 * 82
Unit 06 도형 * 84
Unit 07 숫자 * 86
Unit 08 양사 * 88

Chapter 05. 계절/월/요일 * 90
Unit 01 계절 * 90
Unit 02 요일 * 91
Unit 03 월 * 92
Unit 04 일 * 93
Unit 05 시간 * 96

Chapter 06. 자연과 우주 * 100
Unit 01 날씨 표현 * 100
Unit 02 날씨 관련 * 102
Unit 03 우주 환경과 오염 * 105
Unit 04 동식물 * 108

Chapter 07. 주거 관련 * 120
Unit 01 집의 종류 * 120
Unit 02 집의 부속물 * 122
Unit 03 거실용품 * 124
Unit 04 침실용품 * 126
Unit 05 주방 * 128
Unit 06 주방용품 * 130
Unit 07 욕실용품 * 133

Chapter 08. 음식 * 136
Unit 01 과일 * 136
Unit 02 채소, 뿌리식물 * 139
Unit 03 수산물, 해조류 * 142
Unit 04 육류 * 144
Unit 05 음료수 * 146
Unit 06 기타 식품 및 요리재료 * 148

Unit 07 중한 대표요리 150
Unit 08 요리방식 154
Unit 09 패스트푸드점 156
Unit 10 주류 157
Unit 11 맛 표현 160

Chapter 09. 쇼핑 164

Unit 01 쇼핑 물건 164
Unit 02 색상 172
Unit 03 구매 표현 174

Chapter 10. 도시 178

Unit 01 자연물 또는 인공물 178
Unit 02 도시 건축물 181

Chapter 11. 스포츠, 여가 184

Unit 01 운동 184
Unit 02 오락, 취미 190
Unit 03 악기 193
Unit 04 여가 195
Unit 05 영화 196

Part 2 여행 단어

Chapter 01. 공항에서 200

Unit 01 공항 200
Unit 02 기내 탑승 204
Unit 03 기내 서비스 207

Chapter 02. 입국심사 210

Unit 01 입국 목적 210
Unit 02 거주지 212

Chapter 03. 숙소 214

Unit 01 예약 214
Unit 02 호텔 216
Unit 03 숙소 종류 218
Unit 04 룸서비스 220

Chapter 04. 교통 222

Unit 01 교통수단 222
Unit 02 자동차 명칭 / 자전거 명칭 225
Unit 03 교통 표지판 228
Unit 04 방향 230
Unit 05 거리 풍경 232

Chapter 05. 관광 234

Unit 01 중국 대표 관광지 234
Unit 02 중국 볼거리(예술 및 공연) 238
Unit 03 나라 이름 240
Unit 04 세계 도시 248

Part 3 비즈니스 단어

Chapter 01. 경제 252

Chapter 02. 회사 256

Unit 01 직급, 지위 256
Unit 02 부서 258
Unit 03 근무시설 및 사무용품 260
Unit 04 근로 263

Chapter 03. 증권, 보험 266

Chapter 04. 무역 270

Chapter 05. 은행 274

컴팩트 단어장

Part 01. 일상생활 단어 278
Part 02. 여행 단어 310
Part 03. 비즈니스 단어 318

이 책의 특징

모든 언어 공부의 기본은 단어입니다. 말을 하고 글을 읽을 수 있으려면 단어를 알아야 하지요. 이 책은 일상 표현, 여행, 비즈니스 등 주제별로 단어가 분류되어 있어 자신이 필요한 부분의 단어를 쉽게 찾아 공부할 수 있습니다.

또한 단순히 단어를 나열하기만 한 것이 아니라, 단어 옆에 이미지들을 함께 배치해 단어 공부를 더 효과적이고 즐겁게 할 수 있도록 구성하였습니다. 주요 단어는 이미지와 함께 효과적으로 배치되어 있으며, 단어를 활용해 실생활에서 사용할 수 있는 대화 표현들이 함께 수록되어 있습니다.

또한 초보자도 쉽게 따라 읽으며 학습할 수 있도록 중국어 발음을 원음에 가깝게 한글로 표기하였고, 원어민의 정확한 발음이 실린 mp3 파일을 반석출판사 홈페이지(www.bansok.co.kr)에서 무료로 제공합니다. 이 음원은 한국어 뜻도 함께 녹음되어 있어 음원을 들으며 단어 공부하기에 아주 좋습니다.

들어가기: 기본 회화 표현
단어를 공부하기 전에 실생활에서 자주 사용되는 짧은 문장들을 짚고 넘어갑시다.

Part 1 일상생활 단어
성별, 가족관계, 직업 등 개인의 신상에 대한 표현부터 의식주, 여가 활동 등에 대한 표현까지 우리가 일상생활에서 흔히 쓰는 단어들을 정리하였습니다.

Part 2 여행 단어
여행의 순서에 따라 단계별로 단어를 정리하였으며 중국의 대표적인 관광지도 함께 실었습니다.

Part 3 비즈니스 단어
경제, 증권 등 비즈니스 분야의 전문 용어들을 수록하였습니다.

컴팩트 단어장
본문의 단어들을 우리말 뜻, 중국어, 한글 발음만 표기하여 한 번 더 실었습니다. 그림과 함께 익힌 단어들을 45쪽 분량의 컴팩트 단어장으로 복습해 보세요.

이 책의 활용 방법

1. 주제별로 단어를 분류하였으며 중국어 단어를 이미지와 함께 효과적이고 재미있게 공부할 수 있도록 꾸몄습니다.

2. 중국어 병음과 함께 원음에 가까운 한국어 발음을 병기하여 초보자들도 좀 더 가볍게 접근할 수 있도록 구성하였습니다.

3. 한국어 뜻과 중국어 단어가 모두 녹음된 mp3 파일이 제공됩니다. mp3 파일에는 본문 단어와 관련단어가 녹음되어 있습니다.

관련대화
주제와 단어에 관련된 대화를 수록하여 실생활에 활용할 수 있게 하였습니다.

일반 단어
주제에 맞는 주요 단어들을 이미지와 함께 공부할 수 있습니다.

관련단어
위에서 다루지 못한 단어들을 정리하여 추가로 수록하였습니다.

들어가기 01 일상적인 만남의 인사

안녕하세요.	你好。 / 您好。 Nǐ hǎo / Nín hǎo 니 하오 / 닌 하오
안녕하세요. (안녕히 주무셨어요.)	你早。 Nǐ zǎo 니 자오
뭐하고 계세요?	干吗呢? Gàn ma ne 간 마 너
잘 다녀오셨어요.	回来啦。 Huí lái la 후이 라이 라
안녕히 주무세요.	晚安。 Wǎn ān 완 안
오늘 바쁘세요?	今天忙吗? Jīn tiān máng ma 진 티엔 망 마
요즘 어떻게 지내세요?	最近怎么样? Zuì jìn zěn me yàng 쭈이 진 쩐 머 양
잘 지내세요?	还好吗? Hái hǎo ma 하이 하오 마
예, 잘 지냅니다.	不错,挺好的。 Bú cuò tǐng hǎo de 부 춰 팅 하오 더

기본 회화 표현

건강하세요?	你身体好吗？ Nǐ shēn tǐ hǎo ma 니 션티 하오 마
별로 편하지 못합니다.	不太舒服。 Bú tài shū fu 부 타이 수 푸
여전합니다.	还是老样子。 Hái shì lǎo yàng zǐ 하이 스 라오 양 쯔
오랜만입니다.	好久不见了。 Hǎo jiǔ bú jiàn le 하오 지우 부 지엔 러
못 알아보게 변했군요.	都快认不出你了。 Dōu kuài rén bù chū nǐ le 떠우 콰이 런 뿌 추 니 러
생각이 많이 났습니다.	挺想你的。 Tǐng xiǎng nǐ de 팅 썅 니 더
너는 지금 어디에 있니?	你现在在哪儿呢？ Nǐ xiàn zài zài nǎ r ne 니 씨엔 짜이 짜이 날 너
아직 거기에 사세요?	你家还住在那儿吗？ Nǐ jiā hái zhù zài nà r ma 니 쟈 하이 쭈 짜이 날 마
정말 대단한 우연이군요.	真是挺巧的。 Zhēn shì tǐng qiǎo de 쩐 스 팅 챠오 더

02 소개할 때의 인사

제 소개부터 하겠습니다.	我先自我介绍一下。 Wǒ xiān zì wǒ jiè shào yí xià 워 씨엔 쯔 워 지에 샤오 이 샤
처음 뵙겠습니다. 잘 부탁합니다.	初次见面请多关照。 Chū cì jiàn miàn qǐng duō guān zhào 추 츠 지엔 미엔 칭 뚜오 꾸안 자오
만나서 반가워요.	见到你很高兴。 Jiàn dào nǐ hěn gāo xīng 지엔 따오 니 헌 까오 싱
알게 되어 기뻐요.	认识你很高兴。 Rèn shi nǐ hěn gāo xīng 런 스 니 헌 까오 씽
앞으로 잘 부탁드립니다.	今后，请多帮助。 Jīn hòu qǐng duō bāng zhù 찐 허우 칭 뚸 빵 주
성함이 어떻게 되십니까?	您贵姓？ Nín guì xìng 닌 꾸이 씽
당신의 이름은 무엇입니까?	你的名字是什么？ Nǐ de míng zi shì shén me 니 더 밍 쯔 스 션 머
저는 장군이라고 합니다.	我叫张军。 Wǒ jiào zhāng jūn 워 쟈오 장 쥔
이것은 제 명함입니다.	这是我的名片。 Zhè shì wǒ de míng piàn 쩌 스 워 더 밍 피엔

잘 부탁드립니다.	请多关照。 Qǐng duō guān zhào 칭 뚸 꽌 자오
저 분은 누구입니까?	那位是谁？ Nà wèi shì shéi 나 웨이 스 쉐이
제 소개를 할까요?	我能介绍自己吗？ Wǒ néng jiè shào zì jǐ ma 워 넝 지에 샤오 쯔 지 마
전 독자입니다.	我是个独生子。 Wǒ shì ge dú shēng zǐ 워 스 거 두 셩 즈
전 아직 독신입니다.	我还是单身。 Wǒ haí shì dān shēn 워 하이 스 딴 션
만나서 매우 반가웠습니다.	见到您太高兴了。 Jiàn dào nín tài gāo xìng le 지엔 따오 닌 타이 까오 씽 러
어디에서 오셨습니까?	您从什么地方来？ Nín cóng shén me dì fāng lái 닌 총 션 머 띠 팡 라이
어느 나라 분이십니까?	请问您是哪国人？ Qǐng wèn nín shì nǎ guó rén 칭 원 닌 스 나 궈 런
저는 한국 사람입니다.	我是韩国人。 Wǒ shì hán guó rén 워 스 한 궈 런

기본 회화 표현

03 작별할 때의 인사

먼저 실례하겠습니다.	我先告辞了。 Wǒ xiān gào cí le 워 씨엔 까오 츠 러
먼저 가보겠습니다.	我先回去了。 Wǒ xiān huí qù le 워 씨엔 훼이 취 러
저는 이만 실례하겠습니다	我马上要回去了！ Wǒ mǎ shàng yào huí qù le 워 마 샹 야오 훼이 취 러
이만 일어서겠습니다.	我先失陪了。 Wǒ xiān shī péi le 워 씨엔 스 페이 러
안녕히 계세요(가세요).	再见！ Zài jiàn 짜이 지엔
내일 봐요.	明天见。 Míng tiān jiàn 밍 티엔 지엔
나중에 또 만납시다.	咱们后会有期！ Zán men hòu huì yǒu qī 짠 먼 허우 후이 여우 치
조심히 가세요.	请慢走。 Qǐng màn zǒu 칭 만 저우
시간이 있으면 자주 오세요.	有空常来。 Yǒu kōng cháng lái 여우 콩 창 라이

기본 회화 표현

시간이 있으면 놀러 오세요.	有时间过来玩。 Yǒu shí jiān guò lái wán 여우 스 지엔 꿔 라이 완
성공을 빌겠습니다.	祝你成功。 Zhù nǐ chéng gōng 쭈 니 쳥 꿍
즐거운 여행이 되세요.	祝你旅游愉快。 Zhù nǐ lǚ yóu yú kuài 쭈 니 뤼 여우 위 콰이
몸조심하세요.	保重身体。 Bǎo zhòng shēn tǐ 바오 중 션 티
가끔 전화 주세요.	请常来电话。 Qǐng cháng lái diàn huà 칭 창 라이 띠엔 화
얘기 즐거웠어요.	跟你谈话真愉快。 Gēn nǐ tán huà zhēn yú kuài 껀 니 탄 화 쩐 위 콰이
조만간에 또 놀러 오세요.	请您找机会再来。 Qǐng nín zhǎo jī huì zài lái 칭 닌 자오 지 후이 짜이 라이
종종 연락할게요.	我会常跟您联系。 Wǒ huì cháng gēn nín lián xì 워 후이 창 껀 닌 리엔 씨
당신 가족에게 제 안부를 전해 주세요.	请给你的家人带个好。 Qǐng gěi nǐ de jiā rén dài ge hǎo 칭 게이 니 더 쟈 런 따이 거 하오

04 방문할 때의 표현

어서 오세요.	欢迎光临。 Huān yǐn guāng lín 환 잉 꾸앙 린
초대해주셔서 감사합니다.	谢谢您的招待。 Xiè xie nín de zhāo dài 씨에 시에 닌 더 자오 따이
어서 들어오십시오.	快请进吧。 Kuài qǐng jìn ba 콰이 칭 진 바
이쪽으로 오시죠.	往这边来。 Wǎng zhè biān lái 왕 저 비엔 라이
와주셔서 감사합니다.	谢谢你的光临。 Xiè xie nǐ de guāng lín 씨에 시에 니 더 꽝 린
편하게 하세요.	随便一点。 Suí biàn yì diǎn 쑤이 비엔 이 디엔
아무데나 편하게 앉으세요.	请随便坐。 Qǐng suí biàn zuò 칭 쑤이 비엔 쮀
뭘 드시겠어요?	您要喝点儿什么？ Nín yào hē diǎn r shén me 닌 야오 허 디알 션 머
차 드세요.	请喝茶。 Qǐng hē chá 칭 흐어 차

기본 회화 표현

녹차 한잔하시겠어요?	要不要来一杯绿茶？ Yào bú yào lái yì bēi lǜ chá 야오 부 야오 라이 이 뻬이 뤼 차
음료수 한잔 가져올까요?	来一杯饮料怎么样？ Lái yì bēi yǐn liào zěn me yàng 라이 이 뻬이 인 랴오 쩐 머 양
마음껏 드세요.	多吃一点儿啊。 Duō chī yì diǎn r a 뛰 츠 이 디알 아
집에 가야겠습니다.	我该回家了。 Wǒ gāi huí jiā le 워 까이 후이 쟈 러
시간을 너무 빼앗고 싶지 않습니다.	我不想占用你太多时间。 Wǒ bù xiǎng zhàn yòng nǐ tài duō shí jiān 워 뿌 썅 잔 융 니 타이 뛰 스 지엔
융숭한 대접에 감사드립니다.	谢谢你的盛情款待。 Xiè xie nǐ de shèng qíng kuǎn dài 씨에 시에 니 더 셩 칭 콴 따이
늦었는데 이만 가봐야겠습니다.	时间不早了，我得告辞了。 Shí jiān bù zǎo le wǒ děi gào cí le 스 지엔 뿌 짜오 러 워 떼이 까오 츠 러
지금 가고 싶나 봐요.	你这就要走。 Nǐ zhè jiù yào zǒu 니 쩌 지우 야오 저우
좀 더 계시다 가세요.	再多坐一会儿吧。 Zài duō zuò yí huì r ba 짜이 뛰 쭤 이 후일 바

05 약속할 때의 표현

| 시간이 있으세요? | 您看有时间吗?
Nín kàn yǒu shí jiān ma
닌 칸 여우 스 지엔 마 |

| 만나고 싶은데요. | 我想与您见面。
Wǒ xiǎng yǔ nín jiàn miàn
워 씨앙 위 닌 지엔 미엔 |

| 언제 한번 만나요. | 找时间见个面吧。
Zhǎo shí jiān jiàn ge miàn ba
자오 스 지엔 지엔 거 미엔 바 |

| 잠깐 만날 수 있을까요? | 我能见见你吗?
Wǒ néng jiàn jiàn nǐ ma
워 넝 지엔 지엔 니 마 |

| 내일 한번 만날까요? | 明天咱们见个面?
Míng tiān zán men jiàn ge miàn
밍 티엔 잔 먼 지엔 거 미엔 |

| 내일 약속 있으세요? | 明天有没有约会?
Míng tiān yǒu méi yǒu yuē huì
밍 티엔 여우 메이 여우 위에 후이 |

| 무슨 일로 절 만나자는 거죠? | 你为什么要见我?
Nǐ wèi shén me yào jiàn wǒ
니 웨이 션 머 야오 지엔 워 |

| 좋아요, 시간 괜찮아요. | 好，我有时间。
Hǎo wǒ yǒu shí jiān
하오 워 여우 쓰 지엔 |

| 시간이 없는데요. | 没有时间啊。
méi yǒu shí jiān a
메이 여우 스 지엔 아 |

기본 회화 표현

선약이 있어서요.	我已经有约会。 Wǒ yǐ jīng yǒu yuē huì 워 이 징 여우 위에 후이
다음으로 미루는 게 좋겠어요.	推迟下次好了。 Tuī chí xià cì hǎo le 투이 츠 쌰 츠 하오 러
몇 시로 했으면 좋겠어요?	你说定几点好？ Nǐ shuō dìng jǐ diǎn hǎo 니 쉬 딩 지 디엔 하오
몇 시가 편하십니까?	几点钟方便？ Jǐ diǎn zhōng fāng biàn 지 디엔 중 팡 비엔
언제 시간이 나십니까?	您什么时候有空？ Nín shén me shí hòu yǒu kòng 닌 션 머 스 허우 여우 콩
오전 9시는 어떻습니까?	上午九点怎么样？ Shàng wǔ jiǔ diǎn zěn me yàng 샹 우 지우 디엔 쩐 머 양
장소는 어디가 좋을까요?	在哪儿见面好呢？ Zài nǎ r jiàn miàn hǎo ne 짜이 날 지엔 미엔 하오 너
이곳으로 올 수 있습니까?	你能到这里来吗？ Nǐ néng dào zhè lǐ lái ma 니 넝 따오 쩌 리 라이 마
그곳이 좋을 것 같습니다.	我看那个地方好。 Wǒ kàn nà ge dì fāng hǎo 워 칸 나 꺼 띠 팡 하오

Part 1
일상생활 단어

Chapter 01. 개인소개
Chapter 02. 신체
Chapter 03. 감정, 행동 표현
Chapter 04. 교육
Chapter 05. 계절/월/요일
Chapter 06. 자연과 우주
Chapter 07. 주거 관련
Chapter 08. 음식
Chapter 09. 쇼핑
Chapter 10. 도시
Chapter 11. 스포츠, 여가

Chapter 01 개인소개

Unit 01 성별, 노소

여자
女人
nǚ rén
뉘 런

남자
男子
nán zǐ
난 즈

노인
老人
lǎo rén
라오 런

중년
中年
zhōng nián
쫑 니엔

소년
少年
shào nián
샤오 니엔

소녀
少女
shào nǚ
샤오 뉘

청소년
青少年
qīng shào nián
칭 샤오 니엔

임산부
产妇
chǎn fù
찬 푸

어린이
儿童
ér tóng
얼 통

유아
幼儿
yòu ér
요우 얼

갓난아기
婴儿
yīng ér
잉 얼

Unit 02 가족

친가

친할아버지
爷爷
yé ye
예 예

친할머니
奶奶
nǎi nai
나이 나이

고모
姑姑
gū gu
꾸 꾸

고모부
姑父
gū fu
꾸 푸

큰아버지
伯父
bó fù
뽀 푸

큰어머니
伯母
bó mǔ
뽀 무

작은아버지(삼촌)
叔叔
shū shu
쑤 쑤

숙모
婶婶
shěn shen
썬 썬

아버지(아빠)
爸爸
bà ba
빠 빠

어머니(엄마)
妈妈
mā ma
마 마

사촌형/사촌오빠
堂哥
táng gē
탕 꺼

사촌누나/사촌언니
堂姐
táng jiě
탕 지에

사촌여동생
堂妹
táng mèi
탕 메이

사촌남동생
堂弟
táng dì
탕 띠

나
我
wǒ
워

외가

외할아버지
外公
wài gōng
와이 꽁

외할머니
外婆
wài pó
와이 포

외삼촌
舅舅
jiù jiu
지우 지우

외숙모
舅妈
jiù mā
지우 마

이모
姨妈
yí mā
이 마

이모부
姨父
yí fu
이 푸

어머니(엄마)
妈妈
mā ma
마 마

아버지(아빠)
爸爸
bà ba
빠 빠

사촌형/사촌오빠
表哥
biǎo gē
삐아오 꺼

사촌누나/사촌언니
表姐
biǎo jiě
삐아오 지에

사촌여동생	사촌남동생	나
表妹 	表弟 	我 
biǎo mèi	biǎo dì	wǒ
삐아오 메이	삐아오 띠	워

직계

아버지(아빠)
爸爸
bà ba
빠 빠

어머니(엄마)
妈妈
mā ma
마 마

언니/누나
姐姐
jiě jie
지에 지에

형부/매형(매부)
姐夫
jiě fu
지에 푸

오빠/형
哥哥
gē ge
꺼 꺼

새언니/형수
嫂嫂
sǎo sao
사오 사오

남동생
弟弟
dì di
띠 띠

제수
弟妹
dì mèi
띠 메이

여동생
妹妹
mèi mei
메이 메이

제부/매제
妹夫
mèi fu
메이 푸

나(부인)
我(妻子)
wǒ(qī zi)
워(치 즈)

남편
丈夫
zhàng fu
짱 푸

외조카
外甥女
wài sheng nǚ
와이 썽 뉘

친조카
侄子
zhí zi
쯔 즈

아들
儿子
ér zi
얼 즈

며느리
儿媳妇
ér xí fu
얼 씨 푸

딸
女儿
nǚ 'ér
뉘 얼

사위
女婿
nǚ xu
뉘 쉬

친손자/친손녀
孙子/孙女
sūn zi / sūn nǚ
쉰 즈 / 쉰 뉘

외손녀/외손자
外孙子/外孙女
wài sūn zi / wài sūn nǚ
와이 순 즈 / 와이 순 뉘

관련대화

A : 가족관계가 어떻게 되세요?

你家有几口人?
nǐ jiā yǒu jǐ kǒu rén
니 지아 요우 지 코우 런

B : 저의 가족은 다섯 명이에요.

我家有五口人。
wǒ jiā yǒu wǔ kǒu rén
워 지아 요우 우 코우 런

A : 가족이 많군요. 형제자매는 많으면 많을수록 좋은 거 같아요.

你家人很多啊, 我觉得兄弟姐妹越多越好。
nǐ jiā rén hěn duō a, wǒ jué de xiōng dì jiě mèi yuè duō yuè hǎo
니 지아 런 헌 뚜오 아, 워 주에 더 시옹 띠 지에 메이 위에 뚜오 위에 하오

B : 네 맞아요. 저도 그렇게 생각해요.

是的, 我也那样想的。
shì de wǒ yě nà yàng xiǎng de
쓰 더 워 예 나 양 시앙 더

관련단어

외동딸	独生女	dú shēng nǚ	뚜 썽 뉘
외동아들	独生子	dú shēng zǐ	뚜 썽 즈
결혼하다	结婚	jié hūn	지에 훈
이혼하다	离婚	lí hūn	리 훈
신부	新娘	xīn niáng	신 니앙
신랑	新郎	xīn láng	신 랑
면사포	面纱	miàn shā	미엔 싸
약혼	婚约	hūn yuē	훈 리에
독신주의자	单身贵族	dān shēn guì zú	딴 썬 꾸이 주
과부	寡妇	guǎ fu	꾸아 푸

| 기념일 | 纪念日 | jì niàn rì | 지 니엔 르 |
| 친척 | 亲戚 | qīn qi | 친 치 |

Unit 03 삶(인생)

태어나다
出生
chū shēng
추 썽

백일
百日
bǎi rì
빠이 르

돌잔치
周岁筵席
zhōu suì yán xí
쪼우 수이 옌 시

유년시절
幼年时期
yòu nián shí qī
요우 니엔 쓰 치

학창시절
学生时代
xué sheng shí dài
쉬에 썽 쓰 다이

첫눈에 반하다
一见钟情
yí jiàn zhōng qíng
이 지엔 쫑 칭

삼각관계
三角关系
sān jiǎo guān xi
산 지아오 꾸안 시

이상형
梦中情人
mèng zhōng qíng rén
멍 쫑 칭 런

사귀다
交往
jiāo wǎng
지아오 왕

애인
爱人
ài rén
아이 런

여자친구
女朋友
nǚ péng you
뉘 펑 요우

남자친구
男朋友
nán péng you
난 펑 요우

이별
分手
fēn shǒu
펀 쏘우

재회
重逢
chóng féng
총 펑

청혼
求婚
qiú hūn
치우 훈

약혼
订婚
dìng hūn
딩 훈

결혼
结婚
jié hūn
지에 훈

신혼여행
新婚旅行
xīn hūn lǚ xíng
신 훈 뤼 싱

임신
怀孕
huái yùn
후아이 윈

출산
生育
shēng yù
썽 위

득남
喜得贵子
xǐ de guì zǐ
시 더 꾸이 즈

득녀
喜得贵女
xǐ de guì nǚ
시 더 꾸이 뉘

육아
养育
yǎng yù
양 위

학부모
学生家长
xué sheng jiā zhǎng
쉬에 썽 지아 짱

유언
遗言
yí yán
이 엔

사망
去世
qù shì
취 쓰

장례식
葬礼
zàng lǐ yí shì
장 리 이 쓰

천국에 가다
去天堂
qù tiān táng
취 티엔 탕

관련대화

A : 칭칭 씨는 살면서 언제가 제일 행복했나요?

青青，你活到现在觉得什么时候最幸福？

qīng qīng, nǐ huó dào xiàn zài jué de shén me shí hòu zuì xìng fú

칭 칭, 니 후오 따오 시엔 자이 주에 더 썬 머 쓰 호우 주이 싱 푸

B : 저는 유년시절 시골에서 자유롭게 놀았던 때가 제일 행복했던 거 같아요.

我觉得是幼年时期在农村自由自在玩的时候最幸福。

wǒ jué de shì yòu nián shí qī zài nóng cūn zì yóu zì zài wán de shí hou zuì xìng fú

워 주에 더 쓰 요우 니엔 쓰 치 자이 농 춘 즈 요우 즈 자이 완 더 쓰 호우 주이 싱 푸

관련단어

어린 시절	小时候	xiǎo shí hou	시아오 쓰 호우
미망인	未亡人	wèi wáng rén	웨이 왕 런
홀아비	鳏夫	guān fū	꾸안 푸
젊다	年轻	nián qīng	니엔 칭
늙다	老迈	lǎo mài	라오 마이

Unit 04 직업

간호사
护士
hù shi
후 쓰

약사
药剂师
yào jì shī
야오 지 쓰

의사
医生
yī shēng
이 썽

가이드
导游
dǎo yóu
따오 요우

선생님/교사
老师/教师
lǎo shī / jiào shī
라오 쓰 / 지아오 쓰

교수
教授
jiào shòu
지아오 쏘우

가수
歌手
gē shǒu
꺼 쏘우

음악가
音乐家
yīn yuè jiā
인 위에 지아

화가
画家
huà jiā
후아 지아

소방관
消防员
xiāo fáng yuán
씨아오 팡 위엔

경찰관
警察
jǐng chá
징 차

공무원
公务员
gōng wù yuán
꽁 우 위엔
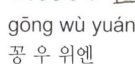

요리사
厨师
chú shī
추 쓰

디자이너
设计师
shè jì shī
써 지 쓰

승무원
乘务员
chéng wù yuán
청 우 위엔

판사
审判员
shěn pàn yuán
션 판 위엔

검사
检察官
jiǎn chá guān
지엔 차 꾸안

변호사
律师
lǜ shī
뤼 쓰

사업가
商人
shāng rén
쌍 런

회사원
公司职员
gōng sī zhí yuán
꽁 스 즈 위엔

학생
学生
xué sheng
쉬에 썽

운전기사
司机
sī jī
스 지

농부
农民
nóng mín
농 민

가정주부
家庭主妇
jiā tíng zhǔ fù
지아 팅 쭈 푸

작가
作家
zuò jiā
주오 지아

정치가
政治家
zhèng zhì jiā
졍 쯔 지아

세일즈맨
推销员
tuī xiāo yuán
투이 시아오 위엔

미용사
美容师
měi róng shī
메이 롱 쓰

군인
军人
jūn rén
쥔 런

은행원
银行职员
yín háng zhí yuán
인 항 쯔 위엔

엔지니어
工程师
gōng chéng shī
꽁 쳥 쓰

통역원
翻译
fān yì
판 이

비서
秘书
mì shū
미 쑤

회계사
会计师
kuài jì shī
쿠아이 지 쓰

이발사
理发师
lǐ fà shī
리 파 쓰

배관공
管道工
guǎn dào gōng
꾸안 따오 꽁

수의사
兽医
shòu yī
쏘우 이

건축가
建筑师
jiàn zhù shī
지엔 쭈 쓰

편집자
编辑
biān jí
삐엔 지

성직자
神职人员
shén zhí rén yuán
썬 쯔 런 위엔

심리상담사
心理咨询师
xīn lǐ zī xún shī
신 리 즈 쉰 쓰

형사(사법경찰)
刑事警察
xíng shì jǐng chá
싱 쓰 징 차

방송국 PD
电视台编导
diàn shì tái biān dǎo
디엔 쓰 타이 삐엔 다오

카메라맨
摄影师
shè yǐng shī
써 잉 쓰

예술가
艺术家
yì shù jiā
이 쑤 지아

영화감독
电影导演
diàn yǐng dǎo yǎn
디엔 잉 다오 엔

영화배우
电影演员
diàn yǐng yǎn yuán
디엔 잉 엔 위엔

운동선수
运动员
yùn dòng yuán
운 동 위엔

목수
木工
mù gōng
무 꽁

프리랜서
自由职业者
zì yóu zhí yè zhě
즈 요우 쯔 예 쩌

Chapter 01 개인소개

관련대화

A : 당신의 직업은 무엇입니까?
你的职业是什么?
nǐ de zhí yè shì shén me
니 더 쯔 예 쓰 썬 머

B : 저는 작가입니다.
我是作家。
wǒ shì zuò jiā
워 쓰 주오 지아

A : 어느 분야의 글을 쓰세요?
哪个领域的?
nǎ ge lǐng yù de
나 꺼 링 위 더

B : 주로 어린이 동화책을 쓰고 있어요.
主要是写童话书的。
zhǔ yào shì xiě tong huà shū de
쭈 야오 쓰 시에 통 후아 쑤 더

A : 어머 너무 좋은 직업이네요.
很好的职业啊。
hěn hǎo de zhí yè a
헌 하오 더 쯔 예 아

Unit 05 별자리

양자리
白羊座
bái yáng zuò
빠이 양 주오

황소자리
金牛座
jīn niú zuò
진 니우 주오

쌍둥이자리
双子座
shuāng zǐ zuò
슈앙 즈 주오

게자리
巨蟹座
jù xiè zuò
쥐 시에 주오

사자자리
狮子座
shī zi zuò
쓰 즈 주오

처녀자리
处女座
chǔ nǚ zuò
추 뉘 주오

천칭자리
天枰座
tiān píng zuò
티엔 핑 주오

전갈자리
天蝎座
tiān xiē zuò
티엔 시에 주오

사수자리
射手座
shè shǒu zuò
써 쏘우 주오

염소자리
摩羯座
mó jié zuò
모 지에 주오

물병자리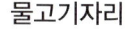
水瓶座
shuǐ píng zuò
쑤이 핑 주오

물고기자리
双鱼座
shuāng yú zuò
쑤앙 위 주오

관련대화

A : 별자리가 어떻게 되세요?

你是什么星座?
nǐ shì shén me xīng zuò
니 쓰 썬 머 싱 주오

B : 제 별자리는 처녀자리입니다.

我是处女座。
wǒ shì chǔ nǚ zuò
워 쓰 추 뉘 주오

Unit 06 혈액형

A형	B형	O형	AB형
A型	B型	O型	AB型
A xíng	B xíng	O xíng	AB xíng
에이 씽	비 씽	오 씽	에이비 씽

관련대화

A : 혈액형이 뭐예요?

你的血型是什么?
nǐ de xuè xíng shì shén me
니 더 쉬에 싱 쓰 썬 머

B : 저는 O형입니다.

我的血型是O型。
wǒ de xuè xíng shì O xíng
워 더 쉬에 싱 쓰 오 싱

관련단어

피	血	xuè	쉬에
헌혈	献血	xiàn xuè	시엔 쉬에
혈소판	血小板	xuè xiǎo bǎn	쉬에 시아오 빤
혈관	血管	xuè guǎn	쉬에 꾸안
적혈구	红细胞	hóng xì bāo	홍 시 빠오

Unit 07 띠

쥐
鼠
shǔ
쑤

소
牛
niú
니우

호랑이
虎
hǔ
후

토끼
兔
tù
투

용
龙
lóng
롱

뱀
蛇
shé
써

말
马
mǎ
마

양
羊
yáng
양

원숭이
猴
hóu
호우

닭
鸡
jī
찌

개
狗
gǒu
꼬우

돼지
猪
zhū
쭈

관련대화

A : 무슨 띠예요?
你的属相是什么?
nǐ de shǔ xiàng shì shén me
니 더 쑤 시앙 쓰 썬 머

B : 저는 말띠입니다.
我属马。
wǒ shǔ mǎ
워 쑤 마

Unit 08 성격

명랑해요
开朗的
kāi lǎng de
카이 랑 더

상냥해요
和蔼的
hé ǎi de
허 아이 더

친절해요
亲切的
qīn qiè de
친 치에 더

당당해요
堂堂正正的
táng táng zhèng zhèng de
탕 탕 쩡 쩡 더

야무져요
实实在在的
shí shí zài zài de
쓰 쓰 자이 자이 더

고상해요
高尚的
gāo shàng de
까오 쌍 더

통이 커요
慷慨的
kāng kǎi de
캉 카이 더

눈치가 빨라요
有眼力见儿
yǒu yǎn lì jiàn ér
요우 옌 리 찌엔 얼

솔직해요
直率的
zhí shuài de
쯔 쓔아이 더

적극적이에요
积极的
jī jí de
찌 찌 더

사교적이에요
社交的
shè jiāo de
써 찌아오 더

꼼꼼해요
仔细的
zǐ xì de
즈 시 더

덜렁거려요
马大哈的
mǎ dà hā de
마 따 하 더

겁쟁이예요
胆小的
dǎn xiǎo de
딴 쌰오 더

보수적이에요
保守的
bǎo shǒu de
빠오 쏘우 더

개방적이에요
开放的
kāi fàng de
카이 팡 더

뻔뻔해요
厚脸皮的
hòu liǎn pí de
호우 리엔 피 더
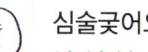

심술궂어요
泼辣的
pō là de
포 라 더

긍정적이에요
乐观的
lè guān de
러 꾸안 더

부정적이에요
否定的
fǒu dìng de
포우 딩 더

다혈질이에요
气盛的
qì shèng de
치 썽 더

냉정해요
冷静的
lěng jìng de
렁 징 더

허풍쟁이예요
浮夸的
fú kuā de
푸 쿠아 더

소심해요
小心眼的
xiǎo xīn yǎn de
씨아오 씬 엔 더

소극적이에요
消极的
xiāo jí de
씨아오 지 더

자애로워요
慈祥的
cí xiáng de
츠 시앙 더

겸손해요
谦虚的
qiān xū de
치엔 쉬 더

진실돼요
实诚的
shí cheng de
쓰 청 더

동정심이 많아요
有同情心的
yǒu tóng qíng xīn de
요우 퉁 칭 신 더

인정이 많아요
厚道的
hòu dao de
호우 따오 더

Chapter 01 개인소개

버릇없어요
没有礼貌的
méi yǒu lǐ mào de
메이 요우 리 마오 더

잔인해요
残忍的
cán rěn de
찬 런 더

거만해요
高傲的
gāo ào de
까오 아오 더

유치해요
幼稚的
yòu zhì de
요우 쯔 더

내성적이에요
内向的
nèi xiàng de
네이 시앙 더

외향적이에요
外向的
wài xiàng de
와이 시앙 더

관련대화

A : 성격이 어떠세요?
你是什么样的性格?
nǐ shì shén me yàng de xìng gé
니 쓰 썬 머 양 더 싱 꺼

B : 제 성격은 명랑해요.
我是开朗的性格。
wǒ shì kāi lǎng de xìng gé
워 쓰 카이 랑 더 싱 꺼

관련단어

성향	性格倾向	xìng gé qīng xiàng	싱 꺼 칭 시앙
기질	气质	qì zhì	치 쯔
울화통	怒气	nù qì	누 치

(울화통이 터지다 怒气迸发 nù qì bèng fā 누 치 뻥 파)

성격	性格	xìng gé	싱 꺼
인격	人格	rén gé	런 꺼
장점	优点	yōu diǎn	요우 띠엔
태도	态度	tài du	타이 두
관계	关系	guān xi	꾸안 시
말투	口气	kǒu qì	코우 치
표준어	普通话	pǔ tōng huà	푸 통 후아
사투리	方言	fāng yán	팡 옌

입장 바꿔 생각하다.
换位思考。
huàn wèi sī kǎo
후안 웨이 스 카오

Unit 09 종교

천주교
天主教
tiān zhǔ jiào
티엔 쭈 지아오

기독교
基督教
jī dū jiào
지 두 지아오

불교
佛教
fó jiào
포 지아오

이슬람교
伊斯兰教
yī sī lán jiào
이 스 란 지아오

도교
道教
dào jiào
다오 지아오

무교
无宗教
wú zōng jiào
우 종 지아오

관련대화

A : 종교가 어떻게 되세요?
你的宗教是什么？
nǐ de zōng jiào shì shén me
니 더 종 지아오 쓰 썬 머

B : 저는 천주교 신자예요.
我是天主教信徒。
wǒ shì tiān zhǔ jiào xìn tú
워 쓰 티엔 쭈 지아오 신 투

A : 어머 그래요. 저랑 같네요.
是吗。我也是。
shì ma. wǒ yě shì
쓰 마. 워 예 쓰

관련단어

성당	天主堂	tiān zhǔ táng	티엔 쭈 탕
교회	教会	jiào huì	지아오 후이
절	寺院	sì yuàn	스 위엔
성서/성경	圣书/圣经	shèng shū / shèng jīng	썽 쑤 / 썽 징
경전	经卷	jīng juàn	징 쥐엔
윤회	轮回	lún huí	룬 후이
전생	前生	qián shēng	치엔 썽
성모마리아	圣母	shèng mǔ	썽 무
예수	耶稣	yē sū	예 수
불상	佛像	fó xiàng	포 시앙
부처	佛祖	fó zǔ	포 주
종교	宗教	zōng jiào	종 지아오
신부	神父	shén fu	썬 푸
수녀	修女	xiū nǚ	시우 뉘
승려	僧侣	sēng lǚ	성 뤼
목사	牧师	mù shī	무 쓰

Chapter 01 개인소개

Chapter 02 신체

Unit 01 신체명

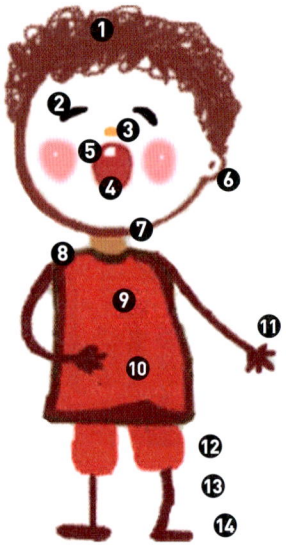

① 머리
头
tóu
토우

② 눈
眼睛
yǎn jing
옌 징

③ 코
鼻子
bí zi
삐즈

④ 입
嘴
zuǐ
주이

⑤ 이
牙
yá
야

⑥ 귀
耳朵
ěr duo
얼 뚜오

⑦ 목
脖子
bó zi
뽀 즈

⑧ 어깨
肩膀
jiān bǎng
지엔 빵

⑨ 가슴
胸
xiōng
씨옹

⑩ 배
肚子
dù zi
뚜 즈

⑪ 손
手
shǒu
쏘우

⑫ 다리
腿
tuǐ
투이

⑬ 무릎
膝盖
xī gài
시 까이

⑭ 발
脚
jiǎo
지아오

① 등
背
bèi
뻬이

② 머리카락
头发
tóu fa
토우 파

③ 팔
胳膊
gē bo
꺼 뽀

④ 허리
腰
yāo
야오

⑤ 엉덩이
臀部
tún bù
튠 뿌

⑥ 발목
脚腕
jiǎo wàn
지아오 완

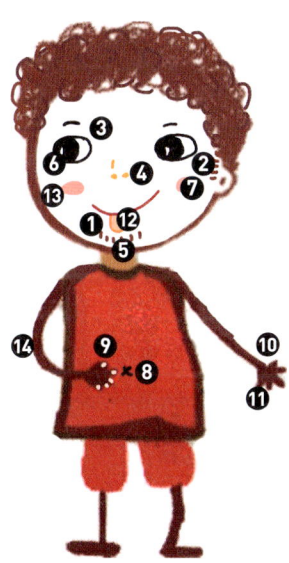

① (턱)수염
胡子
hú zi
후 즈

② 구레나룻
鬓角
bìn jiǎo
삔 지아오

③ 눈꺼풀
眼皮子
yǎn pí zi
옌 피 즈

④ 콧구멍
鼻孔
bí kǒng
삐 콩

⑤ 턱
下巴
xià ba
씨아 빠

⑥ 눈동자
眼珠
yǎn zhū
옌 쭈

목구멍
嗓子
sǎng zi
상 즈

⑦ 볼/뺨
面颊
miàn jiá
미엔 지아

⑧ 배꼽
肚脐
dù qí
뚜 치

⑨ 손톱
指甲
zhǐ jia
쯔 지아

⑩ 손목
手腕
shǒu wàn
쏘우 완

⑪ 손바닥
手掌
shǒu zhǎng
쏘우 짱

⑫ 혀
舌头
shé tou
써 토우

⑬ 피부
皮肤
pí fū
피 푸

⑭ 팔꿈치
肘
zhǒu
쪼우

① 갈비뼈
肋骨
lèi gǔ
레이 꾸

② 고막
耳膜
ěr mó
얼 모어

③ 달팽이관
耳蜗
ěr wō
얼 워

④ 뇌
脑
nǎo
나오

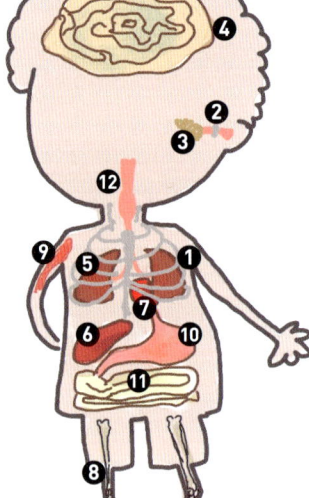

⑤ 폐
肺
fèi
페이

⑥ 간
肝
gān
깐

⑦ 심장
心脏
xīn zàng
신 장

⑧ 다리뼈
腿骨
tuǐ gǔ
투이 꾸

⑨ 근육
肌肉
jī ròu
지 로우

⑩ 위
胃
wèi
웨이

⑪ 대장
大肠
dà cháng
다 창

⑫ 식도
食管
shí guǎn
쓰 꾸안

관련대화

A : 어디 불편하세요?
    哪里不舒服?
    nǎ lǐ bù shū fu
    나 리 뿌 쑤 푸

B : 머리가 아파요.
    我头疼。
    wǒ tóu téng
    워 토우 텅

A : 아픈 지 얼마나 되셨어요?
    你疼了多久?
    nǐ téng le duō jiǔ
    니 텅 러 뚜오 지우

B : 한 시간 정도 된 거 같아요.
    疼了有一个小时了。
    téng le yǒu yí gè xiǎo shí le
    텅 러 요우 이 꺼 시아오 쓰 러

관련단어

건강하다	健康	jiàn kāng	지엔 캉
근시	近视	jìn shì	진 쓰
난시	散光	sǎn guāng	상 꾸앙
대머리	秃头	tū tóu	투 토우
동맥	动脉	dòng mài	똥 마이

정맥	静脉	jìng mài	징 마이
맥박	脉搏	mài bó	마이 뽀
체중	体重	tǐ zhòng	티 쫑
세포	细胞	xì bāo	시 바오
소화하다	消化	xiāo huà	시아오 후아
시력	视力	shì lì	쓰 리
주름살	皱纹	zhòu wén	쪼우 원
지문	指纹	zhǐ wén	쯔 원

호랑이 굴에 들어가야
호랑이를 잡는다.
不入虎穴, 焉得虎子。
bú rù hǔ xué, yān dé hǔ zǐ
뿌루 후 쉬에, 옌 더 후 즈

Unit 02 병명

천식
哮喘
xiào chuǎn
씨아오 추안

고혈압
高血压
gāo xuè yā
까오 쉬에 야

소화불량
消化不良
xiāo huà bù liáng
씨아오 후아 뿌 리앙

당뇨병
糖尿病
táng niào bìng
탕 니아오 삥

생리통
痛经
tòng jīng
통 징

알레르기
过敏
guò mǐn
꾸오 민

심장병
心脏病
xīn zàng bìng
씬 장 삥

맹장염
阑尾炎
lán wěi yán
란 웨이 엔

위염
胃炎
wèi yán
웨이 엔

감기
感冒
gǎn mào
깐 마우

배탈
闹肚子
nào dù zi
나오 뚜 즈

설사
腹泻
fù xiè
푸 씨에

장티푸스
伤寒
shāng hán
쌍 한

결핵
结核
jié hé
지에 허

고산병
高原反应
gāo yuán fǎn yìng
까오 위엔 판 잉

광견병
狂犬病
kuáng quǎn bìng
쿠앙 취엔 삥

뎅기열
登革热
dēng gé rè
떵 꺼 러

저체온증
体温过低症
tǐ wēn guò dī zhèng
티 원 꾸오 띠 쩡

폐렴
肺炎
fèi yán
페이 옌

식중독
食物中毒
shí wù zhòng dú
쓰 우 쭝 뚜

기관지염
支气管炎
zhī qì guǎn yán
쯔 치 꾸안 옌

열사병
中暑
zhòng shǔ
쫑 쑤

치통
牙痛
yá tòng
야 통

간염
肝炎
gān yán
깐 옌

고열
高烧
gāo shāo
까오 싸오

골절
骨折
gǔ zhé
꾸 쩌

기억상실증
失忆症
shī yì zhèng
쓰 이 쩡

뇌졸중
脑中风
nǎo zhòng fēng
나오 쫑 펑

독감
流感
liú gǎn
리우 깐

두통
头痛
tóu tòng
토우 통

마약중독
毒品中毒
dú pǐn zhòng dú
뚜 핀 쫑 뚜

불면증
失眠症
shī mián zhèng
쓰 미엔 쩡

비만
肥胖
féi pàng
페이 팡

거식증
厌食症
yàn shí zhèng
엔 쓰 쩡

우두
牛痘
niú dòu
니우 또우

암
癌
ái
아이

천연두
天花
tiān huā
티엔 후아

빈혈
贫血
pín xuè
핀 쉬에

관련대화

A : 요즘은 불면증으로 너무 힘들어요.
我最近睡不着，得了失眠症。
wǒ zuì jìn shuì bù zháo, dé le shī mián zhèng
워 주이 진 수이 뿌 짜오, 더 러 쓰 미엔 쩡

B : 저도 그런데 밤마다 우유를 따뜻하게 데워 먹어보세요.
我也是，你试试晚上喝热牛奶。
wǒ yě shì, nǐ shì shì wǎn shang hē rè niú nǎi
워 예 쓰, 니 쓰 쓰 완 쌍 허 러 니우 나이

A : 좋은 정보 고마워요.
谢谢你告诉我这个。
xiè xie nǐ gào su wǒ zhè ge
시에 시에 니 까오 수 워 쩌 거

관련단어

가래	痰液	tán yè	탄 예
침	唾沫	tuò mo	투오 모어
열	热病	rè bìng	르어 빙
여드름	痘痘	dòu dòu	도우 도우
블랙헤드	黑头	hēi tóu	헤이 토우
알레르기 피부	过敏性皮肤	guò mǐn xìng pí fū	꾸오 민 싱 피 푸
콧물	鼻涕	bí tì	삐 티
눈물	眼泪	yǎn lèi	엔 레이
눈곱	眼眵	yǎn chī	엔 츠
치질	痔疮	zhì chuāng	쯔 추앙
모공	毛孔	máo kǒng	마오 콩
각질	角质	jiāo zhì	지아오 쯔
피지	皮脂	pí zhī	피 쯔
코딱지	鼻屎	bí shǐ	삐 쓰

Unit 03 약명

아스피린
阿司匹林
ā sī pǐ lín
아 스 피 린

소화제
消化药
xiāo huà yào
씨아오 후아 야오

위장약
肠胃药
cháng wèi yào
창 웨이 야오

반창고
创可贴
chuāng kě tiē
추앙 커 티에

수면제
安眠药
ān mián yào
안 미엔 야오

진통제
镇痛剂
zhèn tòng jì
쩐 통 찌

해열제
退烧药
tuì shāo yào
투이 싸오 야오

멀미약
晕车药
yùn chē yào
윈 처 야오

우황청심환
牛黄清心丸
niú huáng qīng xīn wán
니우 후앙 칭 씬 완

기침약
止咳药
zhǐ ké yào
쯔 커 야오

지혈제
止血剂
zhǐ xuè jì
쯔 쉬에 지

탈수방지약
防脱水药
fáng tuō shuǐ yào
팡 투오 쑤이 야오

소염제
消炎药
xiāo yán yào
씨아오 옌 야오

소독약
消毒药
xiāo dú yào
씨아오 뚜 야오
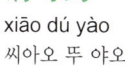

변비약
便秘药
biàn mì yào
삐엔 미 야오

안약
眼药水
yǎn yào shuǐ
옌 야오 쑤이

붕대
绷带
bēng dài
뻥 따이

설사약
泻药
xiè yào
씨에 야오

감기약
感冒药
gǎn mào yào
깐 마오 야오

비타민
维生素
wéi shēng sù
웨이 썽 수

영양제
营养剂
yíng yǎng jì
잉 양 지

무좀약
脚气药
jiǎo qì yào
찌아오 치 야오

관련대화

A : 눈에 뭐가 들어갔어요. 안약 주세요.
有东西进到眼睛里了，请给我眼药水。
yǒu dōng xī jìn dào yǎn jīng lǐ le, qǐng gěi wǒ yǎn yào shuǐ
요우 동 시 진 다오 옌 징 리 러, 칭 게이 워 옌 야오 쑤이

B : 여기 있습니다.
在这里。
zài zhè li
자이 쩌 리

관련단어
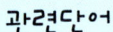

건강검진	健康检查	jiàn kāng jiǎn chá	지엔 캉 지엔 차
내과의사	内科医生	nèi kē yī shēng	네이 커 이 썽
노화	老化	lǎo huà	라오 후아

한국어	중국어	병음	발음
면역력	免疫力	miǎn yì lì	미엔 이 리
백신(예방)접종	疫苗接种	yì miáo jiē zhòng	이 미아오 지에 쫑
병실	病房	bìng fang	삥 팡
복용량	剂量	jì liàng	지 리앙
부상	受伤	shòu shāng	쏘우 쌍
부작용	副作用	fù zuò yòng	푸 주오 용
산부인과 의사	产科医生	chǎn kē yī shēng	찬 커 이 썽
낙태	堕胎	duò tāi	뚜오 타이
소아과 의사	儿科大夫	ér kē dài fu	얼 커 따이 푸
식욕	食欲	shí yù	쓰 위
식이요법	饮食疗法	yǐn shí liáo fǎ	인 쓰 리아오 파
수술	手术	shǒu shù	쏘우 쑤
외과의사	外科医生	wài kē yī shēng	와이 커 이 썽
치과의사	牙科医生	yá kē yī shēng	야 커 이 썽
약국	药店	yào diàn	야오 띠엔
약사	药剂师	yào jì shī	야오 지 쓰
의료보험	医疗保险	yī liáo bǎo xiǎn	이 리아오 빠오 씨엔
이식하다	移植	yí zhí	이 쯔
인공호흡	人工呼吸	rén gōng hū xī	런 꽁 후 시
종합병원	综合医院	zōng hé yī yuàn	종 허 이 위엔
침을 놓다	扎针	zhā zhēn	짜 쩐

중환자실	重症监护室	zhòng zhèng jiān hù shì	쫑 쩡 지엔 후 쓰
응급실	急救室	jí jiù shì	지 지에 쓰
처방전	处方笺	chǔ fāng jiān	추 팡 지엔
토하다	吐	tù	투
어지럽다	晕	yūn	윈
속이 메스껍다	恶心	ě xin	으어 신

천둥 소리만 요란하고 빗방울은 적다.
(계획이나 말만 번지르르할 뿐 실천하는 것은 거의 없다.)

雷声大，雨点小。
léi shēng dà, yǔ diǎn xiǎo
레이 썽 따, 위 디엔 시아오

Unit 04 생리현상

트림
嗝
gé
꺼

재채기
喷嚏
pēn tì
펀 티

한숨
叹气
tàn qì
탄 치

딸꾹질
呃逆
è nì
으어 니

하품
哈欠
hā qian
하 치엔

눈물
眼泪
yǎn lèi
옌 레이

대변
大便
dà biàn
따 삐엔

방귀
屁
pì
피

(放屁 fang pì: 방귀를 뀌다)

소변
小便
xiǎo biàn
시아오 삐엔

관련대화

A : 에취! 감기가 들었는지 계속 재채기와 콧물이 나와.

阿嚏!可能是感冒了，直打喷嚏流鼻涕。
ā tì! kě néng shì gǎn mào le, zhí dǎ pēn tì liú bí tì
아 티! 커 넝 쓰 깐 마오 러, 쯔 다 펀 티 리우 삐 티

B : 병원에 빨리 가보렴.

你快去医院吧。
nǐ kuài qù yī yuàn ba
니 쿠아이 취 이 위엔 바

Chapter 03 감정, 행동 표현

Unit 01 감정

사랑해요
爱
ài
아이

통쾌해요
痛快
tòng kuài
통 쿠아이

흥분했어요
兴奋
xīng fèn
씽 펀

재미있어요
有意思
yǒu yì si
요우 이 스

행복해요
幸福
xìng fú
씽 푸

즐거워요
快乐
kuài lè
쿠아이 러

좋아요
好
hǎo
하오

기뻐요
高兴
gāo xìng
까오 씽

힘이 나요
产生力量
chǎn shēng lì liàng
챤 썽 리 리앙

뿌듯해요
满意
mǎn yì
만 이

짜릿해요
麻酥酥
má sū sū
마 수 수

감격했어요
感动
gǎn dòng
깐 똥

부끄러워요
不好意思
bù hǎo yì si
뿌 하오 이 스

난처해요
为难
wéi nán
웨이 난

외로워요
寂寞
jì mò
지 모

재미없어요
真没意思
zhēn méi yì si
쩐 메이 이 스

화났어요
生气
shēng qì
썽 치

무서워요
害怕
hài pà
하이 파

불안해요
不安
bù ān
뿌 안

피곤해요
累
lèi
레이

싫어요
讨厌
tǎo yàn
타오 옌

불쾌해요
令人不快的
lìng rén bú kuài de
링 런 뿌 쿠아이 더

괴로워요
难受
nán shòu
난 쏘우

지루해요
枯燥
kū zào
쿠 자오

슬퍼요
哀伤
āi shāng
아이 쌍

억울해요
委屈
wěi qu
웨이 취

비참해요
悲惨
bēi cǎn
뻬이 찬

짜증나요
恼火
nǎo huǒ
난 후오

초조해요
焦急
jiāo jí
지아오 지

무기력해요
软弱无力
ruǎn ruò wú lì
루안 루오 우 리

부담스러워요
负担
fù dān
푸 딴

놀랐어요
吃惊
chī jīng
츠 징

고마워요
谢谢
xiè xie
씨에 씨에

행운을 빕니다
祝你好运
zhù nǐ hǎo yùn
쭈 니 하오 윤

질투 나요
嫉妒
jí dù
지 두

관련대화

A : 저는 지금 흥분했어요. 비가 오면 저는 항상 흥분해요.

我现在感觉很兴奋。下雨的话常常会感到兴奋。

wǒ xiàn zài gǎn jué hěn xīng fèn. xià yǔ de huà cháng cháng huì gǎn dào xīng fèn

워 시엔 자이 깐 쥐에 헌 싱 펀. 시아 위 더 후아 창 창 후이 깐 따오 싱 펀

B : 그래요? 저는 비가 오면 짜증나요. 어제도 비가 와서 짜증났어요.

是吗? 我如果下雨的话会感到恼火昨天又下雨, 真恼火。

shì ma? wǒ rú guǒ xià yǔ de huà huì gǎn dào nǎo huǒ zuó tiān yòu xià yǔ, zhēn nǎo huǒ

쓰 마? 워 루 꾸오 시아 위 더 후아 후이 깐 따오 나오 후오 주오 티엔 요우 시아 위 쩐 나오 후오

A : 그래요? 저와는 정반대군요.

是吗? 和我正相反。

shì ma? hé wǒ zhèng xiāng fǎn

쓰 마? 허 워 쩡 시앙 판

Unit 02 칭찬

멋져요
真帅!
zhēn shuài
쩐 쑤아이

훌륭해요
了不起!
liǎo bù qǐ
리아오 뿌 치

굉장해요
太棒了!
tà bàng le
타 빵 러

대단해요
很厉害!
hěn lì hai
헌 리 하이

귀여워요
很可爱!
hěn kě ài
헌 커 아이

예뻐요
很漂亮!
hěn piào liang
헌 피아오 리앙

아름다워요
很美丽!
hěn měi lì
헌 메이 리

최고예요
最棒了!
zuì bàng le
주이 빵 러

참 잘했어요
真的做得很好!
zhēn de zuò de hěn hǎo
쩐 더 주오 더 헌 하오

관련대화

A : 당신은 정말 귀여워요.

你真可爱。
nǐ zhēn kě ài
니 쩐 커 아이

B : 고마워요. 당신은 정말 멋져요.

谢谢,你真帅。
xiè xie, nǐ zhēn shuài
시에 시에, 니 쩐 쑤아이

Unit 03 행동

세수하다
洗脸
xǐ liǎn
시 리엔

청소하다
打扫
dǎ sǎo
다 사오

자다
睡觉
shuì jiào
쑤이 지아오

일어나다
起床
qǐ chuáng
치 추앙

빨래하다
洗衣
xǐ yī
시 이

먹다
吃
chī
츠

마시다
喝
hē
허

요리하다
做饭
zuò fàn
주오 판

설거지하다
洗碗
xǐ wǎn
시 완

양치질하다
刷牙
shuā yá
쑤아 야

샤워하다
洗澡
xǐ zǎo
시 자오

옷을 입다
穿衣服
chuān yī fu
추안 이 푸

옷을 벗다
脱衣服
tuō yī fu
투오 이 푸

쓰레기를 버리다
倒垃圾
dào lā jī
다오 라 지

창문을 열다
打开窗户
dǎ kāi chuāng hù
다 카이 추앙 후

창문을 닫다
关上窗户
guān shàng chuāng hu
꾸안 쌍 추앙 후

불을 켜다
开灯
kāi dēng
카이 덩

불을 끄다
关灯
guān dēng
꾸안 덩

오다
来
lái
라이

가다
去
qù
취

앉다
坐
zuò
주오

서다
站
zhàn
짠

걷다
走
zǒu
조우

달리다
跑
pǎo
파오

놀다
玩
wán
완

일하다
工作
gōng zuò
꽁 주오

웃다
笑
xiào
씨아오

울다
哭
kū
쿠

나오다
出来
chū lái
추 라이

들어가다
进去
jìn qù
진 취

묻다
问
wèn
원

대답하다
回答
huí dá
후이 다

멈추다
停止
tíng zhǐ
틴 쯔

움직이다
动
dòng
똥

올라가다
上去
shàng qù
쌍 취

내려가다
下去
xià qù
시아 취

박수 치다
鼓掌
gǔ zhǎng
꾸 짱

찾다
找
zhǎo
짜오

흔들다
摇
yáo
야오

춤추다
跳舞
tiào wǔ
티아오 우

뛰어오르다
跳上去
tiào shàng qù
티아오 쌍 취

넘어지다
摔倒
shuāi dǎo
쑤아이 따오

읽다
读
dú
두

싸우다
打架
dǎ jià
다 찌아

말다툼하다
吵架
chǎo jià
차오 찌아

인사
打招呼
dǎ zhāo hu
다 짜오 후

대화
对话
duì huà
두이 후아

쓰다
写
xiě
시에

던지다
扔
rēng
렁

잡다
拿
ná
나

관련대화

A : 주말에는 주로 뭐하세요?
你周末经常干嘛?
nǐ zhōu mò jīng cháng gàn má
니 쪼우 모 징 창 깐 마

B : 저는 주말엔 청소하고 요리를 해요.

我周末经常在家里打扫和做菜。
wǒ zhōu mò jīng cháng zài jiā lǐ dǎ sǎo hé zuò cài
워 쪼우 모 징 창 자이 지아 리 다 사오 허 주오 차이

관련단어

한국어	중국어	병음	발음
격려하다	鼓励	gǔ lì	꾸 리
존경하다	尊敬	zūn jìng	쭌 징
지지하다	支持	zhī chí	쯔 츠
주장하다	主张	zhǔ zhāng	쭈 쨩
추천하다	推荐	tuī jiàn	투이 지엔
경쟁하다	竞争	jìng zhēng	징 쩡
경고하다	警告	jǐng gào	징 까오
설득하다	说服	shuō fú	쑤오 푸
찬성하다	赞成	zàn chéng	잔 청
반대하다	反对	fǎn duì	판 두이
재촉하다	催促	cuī cù	추이 추
관찰하다	观察	guān chá	꾸안 차
상상하다	想象	xiǎng xiàng	시앙 시앙
기억하다	记住	jì zhu	지 쭈
의식하다	意识	yì shí	이 쓰
추상적이다	抽象的	chōu xiàng de	초우 시앙 더
후회하다	后悔	hòu huǐ	호우 후이

신청하다	报名	bào míng	빠오 밍
약속하다	约定	yuē dìng	위에 띵
논평하다	点评	diǎn píng	디엔 핑
속삭이다	说悄悄话	shuō qiāo qiāo huà	쏘우 치아오 치아오 후아
허풍을 떨다	吹牛	chuī niú	추이 니우

호랑이는 그려도 호랑이 뼈를 그리기는 어렵고, 사람 얼굴은 알아도 마음은 알 수 없다. (열 길 물속은 알아도 한 길 사람 속은 모른다.)

画虎画皮难画骨，知人知面不知心。

huà hǔ huà pí nán huà gǔ, zhī rén zhī miàn bù zhī xīn

후아 후 후아 피 난 후아 꾸, 쯔 런 쯔 미엔 뿌 쯔 신

Unit 04 인사

안녕하세요
你好
nǐ hǎo
니 하오

아침인사(안녕하세요)
早上好
zǎo shang hǎo
자오 쌍 하오

점심인사(안녕하세요)
中午好
zhōng wǔ hǎo
쫑 우 하오

저녁인사(안녕하세요)
下午好
xià wǔ hǎo
씨아 우 하오

처음 뵙겠습니다
初次见面
chū cì jiàn miàn
추 츠 지엔 미엔

잘 부탁드립니다
请多多关照
qǐng duō duō guān zhào
칭 뚜오 뚜오 꾸안 짜오

잘 지내셨어요
你过得好吗
nǐ guò de hǎo ma
니 꾸오 더 하오 마

만나서 반갑습니다
见到您很高兴
jiàn dào nín hěn gāo xìng
지엔 따오 닌 헌 까오 씽

오랜만이에요
真的好久不见了
zhēn de hǎo jiǔ bú jiàn le
쩐 더 하오 지우 뿌 지엔 러

안녕히 가세요
请慢走
qǐng màn zǒu
칭 만 조우

또 만나요
再见
zài jiàn
자이 지엔

안녕히 주무세요
晚安
wǎn ān
완 안

관련대화

A : 안녕하세요.
你好。
nǐ hǎo
니 하오

B : 네, 안녕하세요. 잘 지내셨죠?
你好, 你过得好吗?
nǐ hǎo, nǐ guò de hǎo ma
니 하오, 니 꾸오 더 하오 마

A : 네, 잘 지냈어요. 어디 가시는 길이에요?
我过得挺好的, 你这是去哪里啊?
wǒ guò de tǐng hǎo de, nǐ zhè shì qù nǎ lǐ a
워 꾸오 더 팅 하오 더, 니 쩌 쓰 취 나 리 아

B : 잠시 일이 있어서 나가는 길이에요.
我有点事情稍微出去一下。
wǒ yǒu diǎn shì qing shāo wēi chū qù yí xià
워 요우 디엔 쓰 칭 싸오 웨이 추 취 이 시아

A : 네, 그럼 다음에 뵐게요.
好的。那下次见。
hǎo de. nà xià cì jiàn
하오 더. 나 시아 츠 지엔

Unit 05 축하

생일 축하합니다
生日快乐
shēng rì kuài lè
썽 르 쿠아이 러

결혼 축하합니다
结婚快乐
jié hūn kuài lè
지엔 훈 쿠아이 러

합격 축하합니다
恭祝金榜题名
gōng zhù jīn bǎng tí míng
꽁 쭈 진 빵 티 밍

졸업 축하합니다
祝贺你毕业了
zhù hè nǐ bì yè le
쭈 허 니 삐 에 러

명절 잘 보내세요
节日快乐
jié rì kuài lè
지에 르 쿠아이 러

새해 복 많이 받으세요
新年快乐
xīn nián kuài lè
씬 니엔 쿠아이 러

즐거운 성탄절 되세요
圣诞节快乐
shèng dàn jié kuài lè
썽 딴 지에 쿠아이 러

부자 되세요
恭喜发财
gōng xǐ fā cái
꽁 시 파 차이

관련대화

A : 졸업 축하해요.
祝贺你毕业了。
zhù hè nǐ bì yè le
쭈 허 니 삐 에 러

B : 감사합니다. 밍밍 씨도 시험 합격 축하합니다.
谢谢, 也祝贺明明你考试合格。
xiè xie, yě zhù hè míng míng nǐ kǎo shì hé gé
시에 시에, 예 쭈 허 밍 밍 니 카오 쓰 허 거

Chapter 04 교육

Unit 01 학교

유치원
幼儿园
yòu ér yuán
요우 얼 위엔

초등학교
小学
xiǎo xué
시아오 쉬에

중학교
中学
zhōng xué
쫑 쉬에

고등학교
高中
gāo zhōng
까오 쫑

대학교
大学
dà xué
따 쉬에

학사
学士
xué shì
쉬에 쓰

석사
硕士
shuò shì
쑤오 쓰

박사
博士
bó shì
뽀 쓰

대학원
研究生院
yán jiū shēng yuàn
옌 지우 쎵 위엔

관련대화

A : 자녀가 몇 살이에요?
你的孩子多大了?
nǐ de hái zi duō dà le
니 더 하이 즈 두오 다 러

B : 19살이에요. 내년에 대학에 들어가요.
今年19岁了，明年上大学。
jīn nián shí jiǔ suì le, míng nián shàng dà xué
진 니엔 쓰 지우 수이 러, 밍 니엔 쌍 따 쉬에

A : 어머, 고3 학부모군요. 많이 힘드시겠어요.
哇，你是高3学生的妈妈呀！很累吧！
wā, nǐ shì gāo sān xué sheng de mā ma yā! hěn lèi ba
와, 니 쓰 까오 산 쉬에 썽 더 마 마 야! 헌 레이 바

B : 네, 그래도 아이가 저보다 더 힘들겠죠.
是的，不过孩子比我更累。
shì de bú guò hái zi bǐ wǒ gèng lèi
쓰 더 부 꾸오 하이 즈 비 워 껑 레이

관련단어

학원	补习班	bǔ xí bān	뿌 시 빤
공립학교	公立学校	Gōng lì xué xiào	꽁 리 쉬에 시아오
사립학교	私立学校	sī lì xué xiào	스 리 쉬에 시아오
교장	校长	xiào zhǎng	시아오 짱
학과장	系主任	xì zhǔ rèn	시 쭈 런
신입생	新生	xīn shēng	신 썽
학년	年级	nián jí	니엔 지

Unit 02 학교시설

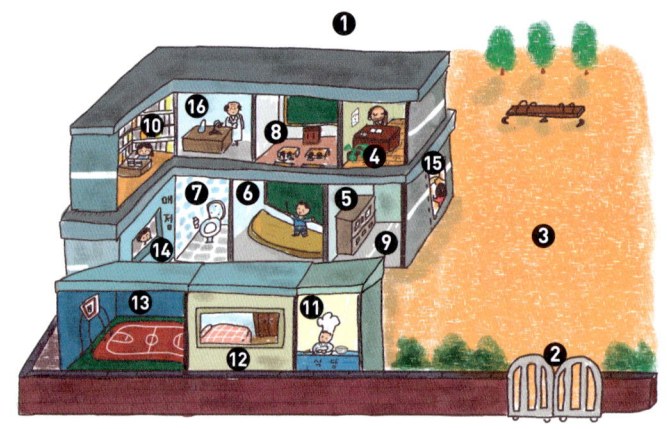

① 교정
校园
xiào yuán
시아오 위엔

② 교문
校门
xiào mén
시아오 먼

③ 운동장
运动场
yùn dòng chǎng
운 동 창

④ 교장실
校长室
xiào zhǎng shì
시아오 짱 쓰

⑤ 사물함
储物柜
chǔ wù guì
추 우 꾸이

⑥ 강의실
讲堂
jiǎng táng
지앙 탕

⑦ 화장실
洗手间
xǐ shǒu jiān
시 쏘우 지엔

⑧ 교실
教室
jiào shì
지아오 쓰

⑨ 복도
走廊
zǒu láng
조우 랑

⑩ **도서관**
图书馆
tú shū guǎn
투 쑤 꾸안

⑪ **식당**
食堂
shí táng
쓰 탕

⑫ **기숙사**
宿舍
sù shè
수 써

⑬ **체육관**
体育馆
tǐ yù guǎn
티 위 꾸안

⑭ **매점**
小卖店
xiǎo mài diàn
시아오 마이 디엔

⑮ **교무실**
教务室
jiāo wù shì
지아오 우 쓰

⑯ **실험실**
实验室
shí yàn shì
쓰 엔 쓰

관련대화

A : 이 학교는 교정이 너무 예쁜 거 같아요.
这学校校园很漂亮。
zhè xué xiào xiào yuán hěn piào liang
쩌 쉬에 시아오 시아오 위엔 헌 피아오 리앙

B : 그죠. 저는 이 학교 출신이에요. 그땐 우리 학교가 이렇게 예쁜지 몰랐어요.
我是这学校毕业的，那时不知道我们学校这么漂亮啊。
wǒ shì zhè xué xiào bì yè de, nà shí bù zhī dào wǒ men xué xiào zhè me piào liang a
워 쓰 쩌 쉬에 시아오 비 예 더, 나 쓰 뿌 쯔 다오 워 먼 쉬에 시아오 쩌 머 피아오 리앙 아

Unit 03 교과목 및 관련 단어

1	중국어	汉语	hàn yǔ	한 위
2	영어	英语	yīng yǔ	잉 위
3	일본어	日语	rì yǔ	르 위
4	철학	哲学	zhé xué	쩌 쉬에
5	문학	文学	wén xué	원 쉬에
6	수학	数学	shù xué	쑤 쉬에
7	경제	经济	jīng jì	징 지
8	상업	商业	shāng yè	쌍 예
9	기술	技术	jì shù	지 쑤
10	지리	地理	dì lǐ	띠 리

11	건축	修筑	xiū zhù	시우 쭈
12	생물	生物	shēng wù	썽 우
13	화학	化学	huà xué	후아 쉬에
14	천문학	天文学	tiān wén xué	티엔 원 쉬에
15	역사	历史	lì shǐ	리 쓰
16	법률	法律	fǎ lǜ	파 뤼
17	정치학	政治学	zhèng zhì xué	쩡 쯔 쉬에
18	사회학	社会学	shè huì xué	써 후이 쉬에

19	음악	音乐	yīn yuè	인 위에
20	체육	体育	tǐ yù	티 위
21	윤리	伦理	lún lǐ	룬 리
22	물리	物理	wù lǐ	우 리
23	받아쓰기	听写	tīng xiě	팅 시에
24	중간고사	期中考试	qī zhōng kǎo shì	치 쫑 카오 쓰
25	기말고사	期考	qī kǎo	치 카오
26	장학금	奖学金	jiǎng xué jīn	지앙 쉬에 진
27	입학	入学	rù xué	루 쉬에

28	졸업	毕业	bì yè	비 예
29	숙제	作业	zuò yè	주오 예
30	시험	考试	kǎo shì	카오 쓰
31	논술	论述	lùn shù	룬 쑤
32	채점	阅卷	yuè juàn	위에 쥐엔
33	전공	专业	zhuān yè	쭈안 예
34	학기	学期	xué qī	쉬에 치
35	등록금	学费	xué fèi	쉬에 페이
36	컨닝	作弊	zuò bì	주오 삐

관련대화

A : 제일 좋아하는 과목이 뭐예요?
你最喜欢什么课?
nǐ zuì xǐ huan shén me kè
니 주이 시 후안 썬 머 커

B : 저는 수학을 좋아해요.
我最喜欢数学课。
wǒ zuì xǐ huan shù xué kè
워 주이 시 후안 쑤 쉬에 커

때리는 것도 혼내는 것도
사랑하기 때문이다.
(귀한 자식 매 한 대 더 때린다)
打是亲, 骂是爱。
dǎ shì qīn, mà shì ài
다 쓰 친, 마 쓰 아이

Unit 04 학용품

공책(노트)
笔记本
bǐ jì běn
삐 지 뻔

지우개
橡皮
xiàng pí
씨앙 피

볼펜
圆珠笔
yuán zhū bǐ
위엔 쭈 삐

연필
铅笔
qiān bǐ
치엔 삐

노트북
笔记本电脑
bǐ jì běn diàn nǎo
삐 지 뻔 디엔 나오

책
书
shū
쑤

칠판
黑板
hēi bǎn
헤이 빤

칠판지우개
黑板擦
hēi bǎn cā
헤이 빤 차

필통
铅笔盒
qiān bǐ hé
치엔 삐 허

샤프
自动铅笔
zì dòng qiān bǐ
즈 동 치엔 삐

색연필
彩色铅笔
cǎi sè qiān bǐ
차이 서 치엔 삐

압정
图钉
tú dīng
튜 딩

만년필
钢笔
gāng bǐ
깡 삐

클립
曲别针
qū bié zhēn
취 삐에 쩐

연필깎기
削笔器
xiāo bǐ qì
시아오 삐 치

크레파스
蜡笔
là bǐ
라 삐

화이트
修正液
xiū zhèng yè
시우 쩡 예

가위
剪刀
jiǎn dāo
지엔 따오

풀
胶水
jiāo shuǐ
지아오 쑤이

물감
颜料
yán liào
옌 리아오

잉크
钢笔水
gāng bǐ shuǐ
깡 삐 쑤이

자
尺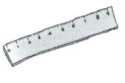
chǐ
츠

스테이플러
订书机
dìng shū jī
딩 쑤 지

스케치북
素描簿
sù miáo bù
수 미아오 뿌

샤프심
自动铅笔芯
zì dòng qiān bǐ xīn
즈 똥 치엔 삐 신

칼
刀
dāo
따오

파일
文件夹
wén jiàn jiā
원 지엔 지아

매직펜
油性笔
yóu xìng bǐ
요우 싱 삐

사인펜
签字笔
qiān zì bǐ
치엔 즈 삐

형광펜
荧光笔
yíng guāng bǐ
잉 꾸앙 삐

테이프
胶布
jiāo bù
지아오 뿌

콤파스
圆规
yuán guī
위엔 꾸이

관련대화

A : 볼펜 좀 빌려줄래요?
能借一下你的圆珠笔吗?
néng jiè yí xià nǐ de yuán zhū bǐ ma
넝 지에 이 시아 니 더 위엔 쭈 삐 마

B : 여기 있습니다. 쓰시고 나서 꼭 돌려주세요.
在这里，用完以后请还给我。
zài zhè li, yòng wán yǐ hòu qǐng huán gěi wǒ
자이 쩌 리, 용 완 이 호우 칭 후안 게이 워

A : 좋아요.
好的 好的
hǎo de hǎo de
하오 더 하오 더

바람이 없다면 파도가 일지 않는다.
(아니 땐 굴뚝에 연기 나랴.)
无风不起浪。
wú fēng bù qǐ làng
우 펑 뿌 치 랑

Unit 05 부호

더하기
加
jiā
지아

빼기
减
jiǎn
지엔

나누기
除
chú
추
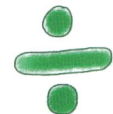

곱하기
乘
chéng
청

크다/작다
大于/小于
dà yú / xiǎo yú
따 위 / 시아오 위

같다
等号
děng hào
덩 하오

마침표
句号
jù hào
쥐 하오

느낌표
惊叹号
jīng tàn hào
징 탄 하오

물음표
问号
wèn hào
원 하오

하이픈
连字符
lián zì fú
리엔 즈 푸

콜론
冒号
mào hào
마오 하오

세미콜론
分号
fēn hào
펀 하오

따옴표
双引号
shuāng yǐn hào
쑤앙 인 하오

생략기호
省略号
shěng lüè hào
썽 뤼에 하오

at/골뱅이
艾特
ài tè
아이 터

루트
根号
gēn hào
껀 하오

슬러쉬
斜杠
xié gàng
시에 깡

관련대화

A : 10 빼기 9는 무엇인가요?

　10减9等于几?
　shí jiǎn jiǔ děng yú jǐ
　쓰 지엔 지우 떵 위 지

B : 10 빼기 9는 1입니다.

　10减9等于1。
　shí jiǎn děng yú yī
　쓰 지엔 떵 위 이

A : 그럼 2 곱하기 3은 무엇인가요?

　那二乘三等于几?
　nà èr chéng sān děng yú jǐ
　나 얼 청 산 떵 위 지

B: 2 곱하기 3은 6입니다.

　二乘三等于六。
　èr chéng sān děng yú liù
　얼 청 산 떵 위 리우

Unit 06 도형

정사각형
正方形
zhèng fāng xíng
쩡 팡 싱

삼각형
三角形
sān jiǎo xíng
산 지아오 싱

원
圆形
yuán xíng
위엔 싱

사다리꼴
梯形
tī xíng
티 싱

원추형
圆锥形
yuán zhuī xíng
위엔 쭈이 싱

다각형
多角形
duō jiǎo xíng
뚜오 지아오 싱

부채꼴
扇形
shàn xíng
싼 싱

타원형
椭圆形
tuǒ yuán xíng
투오 위엔 싱

육각형
六边形
liù biān xíng
리우 삐엔 싱

오각형
五边形
wǔ biān xíng
우 삐엔 싱

원기둥
圆柱体
yuán zhù tǐ
위엔 쭈 티

평행사변형
平行四边形
píng xíng sì biān xíng
핑 싱 스 삐엔 싱

각뿔
角锥
jiǎo zhuī
지아오 쭈이

관련대화

A : 삼각형의 세 각의 합은 몇 도인가요?
三角形的三个角度之和是多少?
sān jiǎo xíng de sān gè jiǎo dù zhī hé shì duō shǎo
산 지아오 싱 더 산 꺼 지아오 두 쯔 허 쓰 두오 싸오

B : 삼각형의 세 각의 합은 180도입니다.
三角形的三个角度之和是180度。
sān jiǎo xíng de sān gè jiǎo dù zhī hé shì yì bǎi bā shí dù
산 지아오 싱 더 산 꺼 지아오 두 즈 허 쓰 이 빠이 빠 쓰 두

A : 그럼, 무엇을 정사각형이라고 하나요?
那，什么叫正方形?
nà, shén me jiào zhèng fāng xíng
나 썬 머 지아오 쩡 팡 싱

B : 네 변의 길이가 같은 사각형을 정사각형이라고 합니다.
四条边长度相等的矩形叫做正方形。
sì tiáo biān cháng dù xiāng děng de jǔ xíng jiào zuò zhèng fāng xíng
스 티아오 삐엔 창 뚜 시양 덩 더 쥐 싱 지아오 주오 쩡 팡 싱

A : 맞습니다. 정말 똑똑하네요.
答对了，你真聪明。
dá duì le, nǐ zhēn cōng míng
다 뚜이 러, 니 쩐 총 밍

Unit 07 숫자

영
零
líng
링

하나
一
yī
이

둘
二, 两
èr, liǎng
얼, 리앙

셋
三
sān
산

넷
四
sì
스
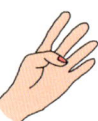

다섯
五
wǔ
우

여섯
六
liù
리우

일곱
七
qī
치

여덟
八
bā
빠

아홉
九
jiǔ
지우

열
十
shí
쓰

이십
二十
èr shí
얼 쓰
20

삼십
三十
sān shí
산 쓰
30

사십
四十
sì shí
스 쓰
40

오십
五十
wǔ shí
우 쓰
50

육십
六十
liù shí
리우 쓰
60

칠십
七十
qī shí
치 쓰
70

팔십
八十
bā shí
빠 쓰
80

구십	백	천
九十 90	百 100	千 1,000
jiǔ shí	bǎi	qiān
지우 쓰	빠이	치엔

만	십만	백만
万 10,000	十万 100,000	一百万 1,000,000
wàn	shí wàn	yī bǎi wàn
완	쓰 완	이 빠이 완

천만	억	조
千万 10,000,000	亿 100,000,000	兆 1,000,000,000,000
qiān wàn	yì	zhào
치엔 완	이	쟈오

관련대화

A : 중국인은 어떤 숫자를 좋아하나요?

中国人喜欢什么数字？

zhōng guó rén xǐ huan shén me shù zì?

쫑 꾸오 런 시 후안 썬 머 쑤 즈

B : 중국인은 8자를 좋아해요.

中国人喜欢8。

zhōng guó rén xǐ huan bā.

쫑 꾸오 런 시 후안 빠

A : 중국인은 왜 8자를 좋아하나요?

为什么中国人喜欢8?

wèi shén me zhōng guó rén xǐ huan bā?

웨이 썬 머 쫑 꾸오 런 시 후안 빠

B : 돈을 벌다 라는 "发财"의 发의 fa와 8의 ba음이 비슷해서 그렇다고 해요.

因为发财的"发"和"八"的发音很像。
yīn wèi fā cái de "fā" hé "bā" de fā yīn hěn xiàng
인 웨이 파 차이 더 "파" 허 "빠" 더 파 인 헌 시앙

Unit 08 양사

명
个人
gè rén
꺼 런

마리
只
zhī
쯔

개
个
gè
꺼

잔
杯
bēi
뻬이

병
瓶
píng
핑

장
张
zhāng
짱

분
位
wèi
웨이

권
本
běn
뻔

켤레, 짝
双
shuāng
쑤앙

벌(옷이나 의류)
件
jiàn
지엔

줄기(강, 길, 밧줄, 생선 등 기다란 것)
条
tiáo
티아오

대(기계나 가전제품)
台
tái
타이

관련대화

A : 몇 분이세요?
您几位?
nín jǐ wèi
닌 지 웨이

B : 두 명입니다.
两个人。
liǎng gè rén
리앙 꺼 런

A : 강아지는 몇 마리입니까?
有几只狗?
yǒu jǐ zhī gǒu
요우 지 쯔 꼬우

B : 네 마리입니다.
有四只。
yǒu sì zhī
요우 스 쯔

Chapter 05 계절/월/요일

Unit 01 계절

봄
春天
chūn tiān
춘 티엔

여름
夏天
xià tiān
씨아 티엔

가을
秋天
qiū tiān
치우 티엔

겨울
冬天
dōng tiān
똥 티엔

관련대화

A : 지금은 무슨 계절입니까?

现在是什么季节?
xiàn zài shì shén me jì jié
시엔 자이 쓰 썬 머 지 지에

B : 지금은 봄입니다.

现在是春天。
xiàn zài shì chūn tiān
시엔 자이 쓰 춘 티엔

Unit 02 요일

월요일
星期一
xīng qī yī
씽 치 이

화요일
星期二
xīng qī èr
씽 치 얼

수요일
星期三
xīng qī sān
씽 치 산

목요일
星期四
xīng qī sì
씽 치 스

금요일
星期五
xīng qī wǔ
씽 치 우

토요일
星期六
xīng qī liù
씽 치 리우

일요일
星期天
xīng qī tiān
씽 치 티엔

관련대화

A : 오늘은 무슨 요일인가요?

今天是星期几?
jīn tiān shì xīng qī jǐ
진 티엔 쓰 싱 치 지

B : 오늘은 수요일입니다.

今天是星期三。
jīn tiān shì xīng qī sān
진 티엔 쓰 싱 치 산

Unit 03 월

1월
一月
yī yuè
이 위에

2월
二月
èr yuè
얼 위에

3월
三月
sān yuè
산 위에

4월
四月
sì yuè
스 위에

5월
五月
wǔ yuè
우 위에

6월
六月
liù yuè
리우 위에

7월
七月
qī yuè
치 위에

8월
八月
bā yuè
빠 위에

9월
九月
jiǔ yuè
지우 위에

10월
十月
shí yuè
쓰 위에

11월
十一月
shí yī yuè
쓰 이 위에

12월
十二月
shí èr yuè
쓰 얼 위에

Unit 04 일

1일	2일	3일	4일
一号	二号	三号	四号
yī hào	èr hào	sān hào	sì hào
이 하오	얼 하오	산 하오	스 하오

5일	6일	7일	8일
五号	六号	七号	八号
wǔ hào	liù hào	qī hào	bā hào
우 하오	리우 하오	치 하오	빠 하오

9일	10일	11일	12일
九号	十号	十一号	十二号
jiǔ hào	shí hào	shí yī hào	shí èr hào
지우 하오	쓰 하오	쓰 이 하오	쓰 얼 하오

13일	14일	15일	16일
十三号	十四号	十五号	十六号
shí sān hào	shí sì hào	shí wǔ hào	shí liù hào
쓰 산 하오	쓰 스 하오	쓰 우 하오	쓰 리우 하오

17일
十七号
shí qī hào
쓰 치 하오

18일
十八号
shí bā hào
쓰 빠 하오

19일
十九号
shí jiǔ hào
쓰 지우 하오

20일
二十号
èr shí hào
얼 쓰 하오

21일
二十一号
èr shí yī hào
얼 쓰 이 하오

22일
二十二号
èr shí èr hào
얼 쓰 얼 하오

23일
二十三号
èr shí sān hào
얼 쓰 산 하오

24일
二十四号
èr shí sì hào
얼 쓰 스 하오

25일
二十五号
èr shí wǔ hào
얼 쓰 우 하오

26일
二十六号
èr shí liù hào
얼 쓰 리우 하오

27일
二十七号
èr shí qī hào
얼 쓰 치 하오

28일
二十八号
èr shí bā hào
얼 쓰 빠 하오

29일
二十九号
èr shí jiǔ hào
얼 쓰 지우 하오

30일
三十号
sān shí hào
산 쓰 하오

31일
三十一号
sān shí yī hào
산 쓰 이 하오

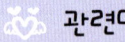 관련대화

A : 오늘은 몇 월 며칠인가요?
今天是几月几号?
jīn tiān shì jǐ yuè jǐ hào
진 티엔 쓰 지 위에 지 하오

B : 오늘은 1월 10일입니다.
今天是一月十号。
jīn tiān shì yī yuè shí hào
진 티엔 쓰 이 위에 쓰 하오

관련단어

한국어	중국어	병음	발음
달력	挂历	guà lì	꾸아 리
다이어리	日记簿	rì jì bù	리 찌 뿌
춘절	春节	chūn jié	춘 지에
단오절	端午节	duān wǔ jié	두안 우 지에
노동절	劳动节	láo dòng jié	라오 동 지에
크리스마스	圣诞节	shèng dàn jié	썽 단 지에
입춘	立春	lì chūn	리 춘
청명절	清明节	qīng míng jié	칭 밍 지에
중추절(추석)	中秋节	zhōng qiū jié	쫑 치우 지에
국경절	国庆节	guó qìng jié	꾸오 칭 지에
칠월칠석	七夕节 (7.7)	qī xī jié	치 시 지에

Unit 05 시간

새벽
凌晨
líng chén
링 천

아침
早上
zǎo shang
자오 쌍

오전
上午
shàng wǔ
쌍 우

점심
中午
zhōng wǔ
쫑 우

오후
下午
xià wǔ
시아 우

저녁
晚上
wǎn shang
완 쌍

밤
夜
yè
예

시
点
diǎn
디엔

분
分
fēn
펀

초
秒
miǎo
미아오

어제
昨天
zuó tiān
주오 티엔

오늘
今天
jīn tiān
진 티엔

내일
明天
míng tiān
밍 티엔

내일모레
后天
hòu tiān
호우 티엔

반나절
半天
bàn tiān
빤 티엔

하루
一天
yì tiān
이 티엔

관련대화

A : 태국 친구 Patto(meng)은 언제 한국에 놀러오나요?
泰国朋友Patto(Meng)什么时候来韩国玩?
tài guó péng you patto(meng) shén me shí hòu lái hán guó wán
타이 꾸오 펑 요우 파토(멍) 썬 머 쓰 호우 라이 한 꾸오 완

B : 내일 한국에 와요.
明天来韩国。
míng tiān lái hán guó
밍 티엔 라이 한 꾸오

A : 몇 시 도착 예정인가요?
几点到呢?
jǐ diǎn dào ne
지 띠엔 다오 너

B : 오후 3시 30분 도착 예정이에요.
下午3点半到。
xià wǔ sān diǎn bàn dào
시아 우 산 디엔 빤 따오

A : 한국에 얼마나 머무르나요?
在韩国待多久?
zài hán guó dài duō jiǔ
자이 한 꾸오 따이 두오 지우

B : 일주일 머물러요.
待一个星期。
dài yí gè xīng qī
따이 이 꺼 싱 치

A : 알겠습니다. 그럼 제가 식사 대접을 한번 할게요.
知道了。到时候我请她吃饭。
zhī dào le dào shí hòu wǒ qǐng tā chī fàn
쯔 다오 러 따오 쓰 호우 워 칭 타 츠 판

관련단어

지난주	上个星期	shàng gè xīng qī	쌍 꺼 싱 치
이번 주	这个星期	zhè ge xīng qī	쩌 꺼 싱 치
다음 주	下个星期	xià gè xīng qī	시아 꺼 싱 치
일주일	一周	yì zhōu	이 쪼우
한 달	一个月	yí gè yuè	이 꺼 위에
일 년	一年	yì nián	이 니엔

마음 먹고 심은 꽃은 피지 않고,
무심코 꽃은 버들이 녹음을 이루네.
有心栽花花不开, 无心插柳柳成荫。
yǒu xīn zāi huā huā bù kāi, wú xīn chā liǔ liǔ chéng yīn
요우 신 자이 후아 후아 뿌 카이, 우 신 차 리우 리우 청 인

Chapter 05 계절/월/요일

Chapter 06 자연과 우주

Unit 01 날씨 표현

맑다
晴天
qíng tiān
칭 티엔

따뜻하다
暖和
nuǎn huo
누안 후오

화창하다
风和日丽
fēng hé rì lì
펑 허 르 리

덥다
热
rè
로어

흐리다
阴天
yīn tiān
인 티엔

안개 끼다
起雾
qǐ wù
치 우

비가 오다
下雨
xià yǔ
씨아 위

비가 그치다
雨停了
yǔ tíng le
위 팅 러

습하다
潮湿
cháo shī
차오 쓰

무지개가 뜨다
出彩虹
chū cǎi hóng
추 차이 홍

장마철이다
梅雨季节
méi yǔ jì jié
메이 위 지 지에

천둥 치다
打雷
dǎ léi
따 레이

번개 치다
打闪
dǎ shǎn
따 싼

바람이 불다
刮风
guā fēng
꾸아 펑

시원하다
凉快
liáng kuai
리앙 쿠아이

태풍이 몰아치다
刮台风
guā tái fēng
꾸아 타이 펑

눈이 내리다
下雪
xià xuě
씨아 쉬에

얼음이 얼다
上冻
shàng dòng
쌍 똥

선선하다
凉爽
liáng shuǎng
리앙 쑤앙

쌀쌀하다
凉飕飕
liáng sōu sōu
리앙 소우 소우

춥다
冷
lěng
렁

서리가 내리다
下霜
xià shuāng
시아 쑤앙

관련대화

A : 내일 날씨는 어때요?
明天天气怎么样?
míng tiān tiān qì zěn me yang
밍 티엔 티엔 치 전 머 양

B : 내일은 화창해요.
明天风和日丽。
míng tiān fēng hé rì lì
밍 티엔 펑 허 르 리

Unit 02 날씨 관련

해
太阳
tài yáng
타이 양

구름
云
yún
윈

비
雨
yǔ
위

바람
风
fēng
펑

눈
雪
xuě
쉬에

고드름
冰凌子
bīng líng zi
삥 링 즈

별
星
xīng
씽

달
月
yuè
위에

우주
宇宙
yǔ zhòu
위쪼우

우박
冰雹
bīng báo
삥 빠오

홍수
洪水
hóng shuǐ
홍 쑤이

가뭄
干旱
gān hàn
깐 한

지진
地震
dì zhèn
디 쩐

자외선
紫外线
zǐ wài xiàn
즈 와이 시엔

열대야
热带夜
rè dài yè
르어 다이 예

오존층
臭氧层
chòu yǎng céng
초우 양 청

화산(화산폭발)
火山(火山爆发)
huǒ shān(huǒ shān bào fā)
후오 싼(후오 싼 빠오 파)

관련대화

A : 오늘 날씨는 어때요?
今天天气怎么样?
jīn tiān tiān qì zěn me yàng
진 티엔 티엔 치 전 머 양

B : 오늘은 비가 와요.
今天下雨。
jīn tiān xià yǔ
진 티엔 시아 위

관련단어

토네이도	龙卷风	long juǎn fēng	롱 쥐엔 펑
고기압	高气压	gāo qì yā	까오 치 야
한랭전선	冷锋	lěng fēng	렁 펑
온도	温度	wēn dù	원 두
한류	寒流	hán liú	한 리우
난류	暖流	nuǎn liú	누안 리우
저기압	低气压	dī qì yā	디 치 야

일기예보	天气预报	tiān qì yù bào	티엔 치 위 빠오
계절	季节	jì jié	지 지에
화씨	华氏	huá shì	후아 쓰
섭씨	摄氏	shè shì	써 쓰
연무	雾霾	wù mái	우 마이
아지랑이	地气	dì qì	띠 치
서리	霜	shuāng	쑤앙
진눈깨비	雨夹雪	yǔ jiā xuě	위 지아 쉬에
강우량	降雨量	jiàng yǔ liàng	지앙 위 리앙
미풍	微风	wēi fēng	웨이 펑
돌풍	急风	jí fēng	지 펑
폭풍	暴风	bào fēng	빠오 펑
대기	大气	dà qì	다 치
공기	空气	kōng qì	콩 치

Unit 03 우주 환경과 오염

지구
地球
dì qiú
디 치우

수성
水星
shuǐ xīng
쑤이 싱

금성
金星
jīn xīng
진 싱

화성
火星
huǒ xīng
후오 싱

목성
木星
mù xīng
무 싱

토성
土星
tǔ xīng
투 싱

천왕성
天王星
tiān wáng xīng
티엔 왕 싱

명왕성
冥王星
míng wáng xīng
밍 왕 싱

태양계
太阳系
tài yáng xì
타이 양 시

외계인
外星人
wài xīng rén
와이 싱 런

행성
行星
xíng xīng
싱 싱

은하계
银河系
yín hé xì
인 허 시

북두칠성
北斗七星
běi dǒu qī xīng
뻬이 도우 치 싱

카시오페이아
仙后座
xiān hòu zuò
시엔 호우 주오

큰곰자리
大熊星座
dà xióng xīng zuò
다 시옹 싱 주오

작은곰자리
小熊星座
xiǎo xióng zuò
시아오 시옹 주오

환경
环境
huán jìng
후안 징

파괴
破坏
pò huài
포 후아이

멸망
灭亡
miè wáng
미에 왕

재활용
可回收
kě huí shōu
커 후이 쏘우

쓰레기
垃圾
lā jī
라 지

쓰레기장
垃圾场
lā jī chǎng
라 지 창

하수
污水
wū shuǐ
우 쑤이

폐수
废水
fèi shuǐ
페이 쑤이

오염
污染
wū rǎn
우 란

생존
生存
shēng cún
썽 춘

자연
自然
zì rán
즈 란

유기체
有机体
yǒu jī tǐ
요우 지 티

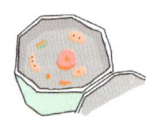

생물
生物
shēng wù
썽 우

지구온난화
全球变暖
quán qiú biàn nuǎn
취엔 치우 삐엔 누안

보름달
满月
mǎn yuè
만 위에

반달
弦月
xián yuè
시엔 위에

초승달
新月
xīn yuè
신 위에

유성
流星
liú xīng
리우 싱

위도
纬度
wěi dù
웨이 두

경도
经度
jīng dù
징 두

적도
赤道
chì dào
츠 다오

일식
日食
rì shí
르 쓰

관련대화

A : 명왕성이 태양계에서 소멸된 게 몇 년도이죠?

冥王星在太阳系是哪一年消失的？
míng wáng xīng zài tài yáng xì shì nǎ yì nián xiāo shī de
밍 왕 싱 자이 타이 양 시 쓰 나 이 니엔 시아오 쓰 더

B : 2006년도요.

是2006年。
shì èr líng líng liù nián
쓰 얼 링 링 리우 니엔

Unit 04 동식물

포유류 哺乳类 bǔ rǔ lèi 뿌 루 레이

사슴
鹿
lù
루

고양이
猫
māo
마오

팬더(판다)
熊猫
xióng māo
씨옹 마오

사자
狮子
shī zi
쓰 즈

호랑이
老虎
lǎo hǔ
라오 후

기린
长颈鹿
cháng jǐng lù
창 징 루

곰
熊
xióng
씨옹

다람쥐
松鼠
sōng shǔ
송 쑤

낙타
骆驼
luò tuo
루오 투오

염소
山羊
shān yáng
싼 양

표범
豹子
bào zi
빠오 즈

여우
狐狸
hú li
후 리

늑대
狼
láng
랑

고래
鲸鱼
jīng yú
징 위

코알라
树袋熊
shù dài xióng
쑤 다이 시옹

양
羊
yáng
양

코끼리
大象
dà xiàng
따 시앙

돼지
猪
zhū
쭈

말
马
mǎ
마

원숭이
猴子
hóu zi
호우 즈

하마
河马
hé mǎ
허 마

얼룩말
斑马
bān mǎ
빤 마

북극곰
北极熊
běi jí xióng
베이 지 시옹

바다표범
海豹
hǎi bào
하이 빠오

두더지
鼹鼠
yǎn shǔ
옌 쑤

개
狗
gǒu
꼬우

코뿔소
犀牛
xī niú
씨 니우

쥐
鼠
shǔ
쑤

소
牛
niú
니우

토끼
兔子
tù zi
투 즈

레드판다
小熊猫
xiǎo xióng māo
씨아오 씨옹 마오

캥거루
袋鼠
dài shǔ
다이 쑤

곤충/거미류 虫类/蜘蛛类 chóng lèi / zhī zhū lèi 총 레이 / 쯔 쭈 레이

모기
蚊子
wén zi
원 즈

파리
苍蝇
cāng ying
창 잉

벌
蜜蜂
mì fēng
미 펑

잠자리
蜻蜓
qīng tíng
칭 팅

거미
蜘蛛
zhī zhū
쯔 쭈

매미
蝉
chán
찬

바퀴벌레
蟑螂
zhāng láng
짱 랑

귀뚜라미
蟋蟀
xī shuài
시 쑤아이

풍뎅이
金龟子
jīn guī zǐ
진 꾸이 즈

무당벌레
瓢虫
piáo chóng
피아오 총

반딧불이
萤火虫
yíng huǒ chóng
잉 후오 총
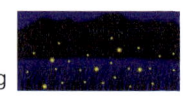

메뚜기
蝗虫
huáng chóng
후앙 총

개미
蚂蚁
mǎ yǐ
마 이

사마귀
螳螂
táng láng
탕 랑

나비
蝴蝶
hú dié
후 띠에

전갈
蝎子
xiē zi
씨에 즈

소금쟁이
水黾
shuǐ mǐn
쑤이 민

조류 鸟类 niǎo lèi 니아오 레이

독수리
雕
diāo
띠아오

박쥐
蝙蝠
biān fú
삐엔 푸

부엉이
猫头鹰
māo tóu yīng
마오 토우 잉

매
隼
sǔn
순

까치
鹊
què
취에

까마귀
乌鸦
wū yā
우 야

참새
麻雀
má què
마 취에

학
鹤
hè
허

오리
鸭子
yā zi
야 즈

펭귄
企鹅
qǐ é
치 으어

제비
燕子
yàn zi
옌 즈

닭
鸡
jī
지

공작
孔雀
kǒng què
콩 취에

앵무새
鹦鹉
yīng wǔ
잉 우

기러기
大雁
dà yàn
따 옌

거위
鹅
é
으어

비둘기
鸽子
gē zi
꺼 즈

딱따구리
啄木鸟
zhuó mù niǎo
쪼우 무 니아오

파충류/양서류 爬虫类/两栖类
pá chóng lèi / liǎng qī lèi 파 총 레이 / 리앙 치 레이

보아뱀
蟒蛇
mǎng shé
망 써

달팽이
蜗牛
wō niú
워 니우

도마뱀
蜥蜴
xī yì
씨 이

이구아나
鬣蜥
liè xī
리에 시

코브라
眼镜蛇
yǎn jìng shé
엔 징 써

두꺼비
蟾蜍
chán chú
찬 추

올챙이
蝌蚪
kē dǒu
커 또우

도롱뇽
小鲵
xiǎo ní
시아오 니

개구리
青蛙
qīng wā
칭 와

악어
鳄鱼
è yú
으어 위

거북이
乌龟
wū guī
우 꾸이

뱀
蛇
shé
써

지렁이
蚯蚓
qiū yǐn
치우 인

카멜레온
变色龙
biàn sè lóng
삐엔 서 롱

관련대화

A : 어떤 동물을 좋아해요?
你喜欢什么动物?
nǐ xǐ huan shén me dòng wù
니 시 후안 썬 머 동 우

B : 저는 사슴을 좋아해요.
我喜欢鹿。
wǒ xǐ huan lù
워 시 후안 루

A: 모기는 정말 위험한 벌레인 거 같아요.
我觉得蚊子是很危险的虫子。
wǒ jué de wén zi shì hěn wēi xiǎn de chóng zi
워 쥐에 더 원 즈 쓰 헌 웨이 시엔 더 총 즈

B: 그죠, 저는 모기가 제일 싫어요.
是吧，我最讨厌是蚊子。
shì ba, wǒ zuì tǎo yàn shì wén zi
쓰 빠, 워 주이 타오 옌 쓰 원 즈

관련단어

더듬이	触角	chù jiǎo	추 지아오
번데기	蛹	yǒng	용
알	蛋	dàn	단
애벌레	毛毛虫	máo mao chóng	마오 마오 총
뿔	角	jiǎo	지아오
발톱	脚趾甲	jiǎo zhǐ jiǎ	지아오 쯔 지아
꼬리	尾巴	wěi ba	웨이 빠
발굽	蹄	tí	티
동면	冬眠	dōng mián	동 미엔
부리	鸟喙	niǎo huì	니아오 후이
깃털	羽毛	yǔ máo	위 마오
날개	翅膀	chì bǎng	츠 빵
둥지	鸟巢	niǎo cháo	니아오 차오

Chapter 06 자연과 우주

어류/연체동물/갑각류 鱼类/软体动物/甲壳纲
yú lèi / ruǎn tǐ dòng wù / jiǎ ké gāng 위 레이 / 루안 티 동 우 / 지아 커 깡

연어
三文鱼
sān wén yú
산 원 위

잉어
鲤鱼
lǐ yú
리 위

쉬리
高丽雅罗鱼
gāo lí yǎ luó yú
까오 리 야 루오 위

대구
鳕鱼
xuě yú
쉬에 위

붕어
鲫鱼
jì yú
지 위

복어
河豚
hé tún
허 툰

문어
章鱼
zhāng yú
짱 위

오징어
鱿鱼
yóu yú
요우 위

꼴뚜기
墨斗鱼
mò dǒu yú
모 도우 위

낙지
乌贼
wū zéi
우 제이

게
蟹
xiè
씨에

새우
虾
xiā
씨아

가재
龙虾
lóng xiā
롱 씨아

메기
鲇鱼
nián yú
니엔 위

상어
鲨鱼
shā yú
싸 위

해파리
水母
shuǐ mǔ
쑤이 무

조개
贝壳
bèi ké
뻬이 커

불가사리
海星
hǎi xīng
하이 씽

관련대화

A : 문어 다리가 몇 개인지 아세요?
你知道章鱼有几只脚吗?
nǐ zhī dào zhāng yú yǒu jǐ zhī jiǎo ma
니 쯔 다오 짱 위 요우 지 쯔 지아오 마

B : 8개 아닌가요?
不是8只吗?
bú shì bā zhī ma
뿌 쓰 빠 쯔 마

A : 네, 맞아요.
对的。
duì de
두이 더

관련단어

비늘	鳞片	lín piàn	린 피엔
아가미	鳃	sāi	사이
물갈퀴	蹼	pǔ	푸
지느러미	鳍	qí	치

식물(꽃/풀/야생화/나무) 植物(花/草/野花/树)
zhíwù(huā / cǎo / yě huā / shù) 쯔 우(후아 / 차오 / 예 후아 / 쑤)

무궁화
木槿花
mù jǐn huā
무 진 후아

코스모스
波斯菊
bō sī jú
뽀 스 쥐

수선화
水仙
shuǐ xiān
쑤이 씨엔

장미
玫瑰
méi gui
메이 꾸이

데이지
雏菊
chú jú
추 쥐

아이리스
鸢尾花
yuān wěi huā
위엔 웨이 후아

동백꽃
茶花
chá huā
차 후아

벚꽃
樱花
yīng huā
잉 후아

나팔꽃
喇叭花
lǎ ba huā
라 빠 후아

라벤더
熏衣草
xūn yī cǎo
쉰 이 차오

튤립
郁金香
yù jīn xiāng
위 진 씨앙

제비꽃
紫罗兰花
zǐ luó lán huā
즈 루오 란 후아

안개꽃
满天星
mǎn tiān xīng
만 티엔 싱

해바라기
向日葵花
xiàng rì kuí huā
시앙 르 쿠이 후아

진달래
杜鹃花
dù juān huā
뚜 쥐엔 후아
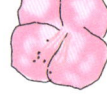

민들레
蒲公英
pú gōng yīng
푸 꽁 잉

캐모마일
黄春菊
huáng chūn jú
후앙 춘 쥐

클로버
三叶草(3잎)/四叶草(4잎)
sān yè cǎo / sì yè cǎo
산 예 차오 / 스 예 차오

강아지풀
狗尾草
gǒu wěi cǎo
꼬우 웨이 차오

갈퀴나물
豌豆
wān dòu
완 도우

고사리
蕨菜
jué cài
쥐에 차이

잡초
杂草
zá cǎo
자 차오

억새풀
芒草
máng cǎo
망 차오

소나무
松树
sōng shù
송 쑤

메타세콰이아
水杉
shuǐ shān
쑤이 싼

감나무
柿子树
shì zi shù
쓰 즈 쑤

사과나무
苹果树
píng guǒ shù
핑 꾸오 쑤

석류나무
石榴树
shí liú shù
쓰 리우 쑤

밤나무
栗子树
lì zi shù
리 즈 쑤

은행나무
银杏树
yín xìng shù
인 싱 쑤

배나무
梨树
lí shù
리 쑤

양귀비꽃
罂粟花
yīng sù huā
잉 수 후아

관련대화

A : 좋아하는 꽃이 뭐예요?
你喜欢什么花?
nǐ xǐ huan shén me huā
니 시 후안 썬 머 후아

B : 저는 코스모스꽃을 좋아해요.
我喜欢波斯菊。
wǒ xǐ huan bō sī jú
워 시 후안 뽀 스 쥐

관련단어

뿌리	根	gēn	껀
잎	叶	yè	예
꽃봉오리	花蕾	huā lěi	후아 레이
꽃말	花语	huā yǔ	후아 위
꽃가루	花粉	huā fěn	후아 펀
개화기	开花期	kāi huā qī	카이 후아 치
낙엽	落叶	luò yè	루오 예
단풍	枫叶	fēng yè	펑 예
거름	肥料	féi liào	페이 리아오
줄기	梗	gěng	껑

Chapter 06

자연과 우주

Chapter 07 주거 관련

Unit 01 집의 종류

① 아파트
公寓
gōng yù
꽁 위

② 전원주택
田园住宅
tián yuán zhù zhái
티엔 위엔 쭈 짜이

③ 일반주택
普通住宅
pǔ tōng zhù zhái
푸 퉁 쭈 짜이

④ 다세대주택
单元房
dān yuán fáng
단 위엔 팡

⑤ 오피스텔
商务楼
shāng wù lóu
쌍 우 로우

⑥ 오두막집
窝棚
wō peng
워 펑

⑦ 중국가옥(사합원)
四合院
sì hé yuàn
스 허 위엔

⑧ 별장
别墅
bié shù
삐에 쑤

⑨ 하숙집
寄宿房
jì sù fáng
지 수 팡

⑩ 태산의 전통가옥
泰山的传统房屋
tài shān de chuan tǒng fáng wū
타이 싼 더 추안 통 팡 우

⑪ 안후이성의 민가
安徽省的民宅
ān huī shěng de mín zhái
안 후이 썽 더 민 짜이

관련대화

A : 지금 어떤 집에서 살고 있나요?
你现在住什么样的房子？
nǐ xiàn zài zhù shén me yàng de fáng zi
니 시엔 자이 쭈 썬 머 양 더 팡즈

B : 저는 아파트에 살고 있어요.
我住公寓。
wǒ zhù gōng yù
워 쭈 꽁 위

관련단어

살다	生活	shēng huó	썽 후오
주소	地址	dì zhǐ	디 쯔
임차인	租借人	zū jiè rén	주 지에 런
임대인	出租人	chū zū rén	추 주 런
가정부	保姆	bǎo mǔ	빠오 무
월세	月租金	yuè zū jīn	위에 주 진

Unit 02 집의 부속물

① 대문
大门
dà mén
따 먼

② 담
院墙
yuàn qiáng
위엔 치앙

③ 정원
庭院
tíng yuàn
팅 위엔

④ 우편함
信箱
xìn xiāng
신 시앙

⑤ 차고
车库
chē kù
처 쿠

⑥ 진입로
进入路
jìn rù lù
진 루 루

⑦ 굴뚝
烟囱
yān cōng
옌 총

⑧ 지붕
房顶
fáng dǐng
팡 딩

⑨ 계단
阶梯
jiē tī
지에 티

⑩ 벽
墙
qiáng
치앙

⑪ 테라스
阳台
yáng tái
양 타이

⑫ 창고
仓库
cāng kù
창 쿠

⑬ 다락방
阁楼
gé lóu
꺼 로우

⑭ 옥상
楼顶
lóu dǐng
로우 딩

⑮ 현관
玄关
xuán guān
쉬엔 꾸안

⑯ 지하실
地下室
dì xià shì
디 시아 쓰

⑰ 위층
楼上
lóu shàng
로우 쌍

⑱ 아래층
楼下
lóu xià
로우 시아

⑲ 안마당 뜰
前院
qián yuàn
치엔 위엔

⑳ 기둥
柱子
zhù zi
쭈 즈

㉑ 울타리
篱笆
lí ba
리 빠

㉒ 자물쇠
锁
suǒ
수오

관련대화

A : 어떤 집을 사시려고요?
你想买什么样的房子？
nǐ xiǎng mǎi shén me yàng de fáng zi
니 시앙 마이 썬 머 양 더 팡즈

B : 정원이 있는 집을 사려고 합니다.
我想买有院子的家。
wǒ xiǎng mǎi yǒu yuàn zi de jiā
워 시앙 마이 요우 위엔 즈 더 지아

Unit 03 거실용품

① 거실
客厅
kè tīng
커 팅

② 창문
窗户
chuāng hu
추앙 후

③ 책장
书架
shū jià
쑤 지아

④ 마루
地板
dì bǎn
디 빤

⑤ 카펫
地毯
dì tǎn
띠 탄

⑥ 테이블
桌子
zhuō zi
쭈오 즈

⑦ 장식장
装饰柜
zhuāng shì guì
쭈앙 쓰 꾸이

⑧ 에어컨
空调
kōng tiáo
콩 티아오

⑨ 소파
沙发
shā fā
싸 파

⑩ 커튼
窗帘
chuāng lián
추앙 리엔

⑪ 달력
挂历
guà lì
꾸아 리

⑫ 액자
画框
huà kuàng
후아 쿠앙

⑬ 시계
表
biǎo
삐아오

⑭ 벽난로
壁炉
bì lú
삐 루

⑮ 꽃병
花瓶
huā píng
후아 핑

⑯ 텔레비전
电视机
diàn shì jī
띠엔 쓰 지

⑰ 컴퓨터
电脑
diàn nǎo
띠엔 나오

⑱ 노트북
笔记本电脑
bǐ jì běn diàn nǎo
삐 지 뻔 띠엔 나오

⑲ 진공청소기
吸尘器
xī chén qì
시 천 치

⑳ 스위치를 끄다
关闭开关
guān bì kāi guān
꾸안 삐 카이 꾸안

㉑ 스위치를 켜다
打开开关
dǎ kāi kāi guān
다 카이 카이 꾸안

관련대화

A : 소파가 너무 이뻐요. 어디서 샀나요?
沙发很漂亮，在哪里买的？
shā fā hěn piào liang, zài nǎ lǐ mǎi de
싸 파 헌 피아오 리앙, 자이 나 리 마이 더

B : 이케아에서 샀어요. 이케아 물건은 싸고 이뻐요.
我在宜家买的。宜家的东西又便宜又好看。
wǒ zài yí jiā mǎi de. yí jiā de dōng xi yòu pián yi yòu hǎo kàn
워 자이 이 지아 마이 더. 이 지아 더 동 시 요우 피엔 이 요우 하오 칸

Unit 04 침실용품

① 침대
床
chuáng
추앙

② 자명종/알람시계
闹钟
nào zhōng
나오 쭝

③ 매트리스
床垫
chuáng diàn
추앙 디엔

④ 침대시트
床单
chuáng dān
추앙 단

⑤ 슬리퍼
拖鞋
tuō xié
투오 시에

⑥ 이불
被子
bèi zi
뻬이 즈

⑦ 베개
枕头
zhěn tou
쩐 토우

⑧ 화장대
梳妆台
shū zhuāng tái
쑤 쭈앙 타이

⑨ 화장품
化妆品
huà zhuāng pǐn
후아 쭈앙 핀

⑩ 옷장
衣橱
yī chú
이 추

⑪ 잠옷
睡衣
shuì yī
쑤이 이

⑫ 쿠션
靠垫
kào diàn
카오 디엔

⑬ 쓰레기통
垃圾桶
lā jī tǒng
라 지 통

⑭ 천장
天花板
tiān huā bǎn
티엔 후아 빤

⑮ 전등
电灯
diàn dēng
띠엔 떵

⑯ 스위치
开关
kāi guān
카이 꾸안

⑰ 공기청정기
空气净化器
kōng qì jìng huà qì
콩 치 징 후아 치

일어나다
起床
qǐ chuáng
치 추앙

자다
睡觉
shuì jiào
쑤이 지아오

관련대화

A : 매일 아침 몇 시에 일어나나요?
你每天几点起床?
nǐ měi tiān jǐ diǎn qǐ chuáng
니 메이 티엔 지 디엔 치 촹

B : 저는 매일 아침 8시에 일어납니다.
我每天早上8点起床。
wǒ měi tiān zǎo shang bā diǎn qǐ chuáng
워 메이 티엔 자오 쌍 빠 디엔 치 추앙

Unit 05 주방

① 냉장고
冰箱
bīng xiāng
삥 씨앙

② 전자레인지
微波炉
wēi bō lú
웨이 뽀 루

③ 환풍기
换气扇
huàn qì shàn
후안 치 쑤안

④ 가스레인지
煤气灶
méi qì zào
메이 치 자오

⑤ 싱크대
洗涤槽
xǐ dí cáo
씨 띠 차오

⑥ 주방조리대
厨房烹饪台
chú fáng pēng rèn tái
추 팡 펑 런 타이

⑦ 오븐
烤箱
kǎo xiāng
카오 시앙

⑧ 수납장
橱柜
chú guì
추 꾸이

⑨ 접시걸이선반
放盘架
fàng pán jià
팡 판 지아

⑩ 식기세척기
洗碗机
xǐ wǎn jī
시 완 지

에어컨
空调
kōng tiáo
콩 티아오

관련대화

A : 환풍기 작동이 안 되네요.
   换气扇坏了。
   huàn qì shàn huài le
   후안 치 싼 후아이 러

B : 저는 수리공을 불렀어요.
   我叫了修理工。
   wǒ jiào le xiū lǐ gōng
   워 지아오 러 시우 리 꽁

백 번 듣는 것이
한 번 보는 것만 못하다.
(백문이 불여일견)
百闻不如一见。
bǎi wén bù rú yí jiàn
빠이 원 뿌 루 이 지엔

Unit 06 주방용품

도마
案板
àn bǎn
안 빤

프라이팬
平底锅
píng dǐ guō
핑 디 꾸오

믹서기
搅拌器
jiǎo bàn qì
지아오 빤 치

주전자
水壶
shuǐ hú
쑤이 후

앞치마
围裙
wéi qún
웨이 췬

커피포트
咖啡壶
kā fēi hú
카 페이 후

전기밥솥
电饭煲
diàn fàn bāo
디엔 판 빠오

뒤집개
锅铲
guō chǎn
꾸오 찬

주걱
饭勺
fàn sháo
판 싸오

칼
刀
dāo
다오

머그컵
马克杯
mǎ kè bēi
마 커 뻬이

토스터기
电烤面包器
diàn kǎo miàn bāo qì
디엔 카오 미엔 빠오 치

국자
汤勺
tāng sháo
탕 싸오

냄비
汤锅
tāng guō
탕 꾸오

수세미
洗碗刷
xǐ wǎn shuā
시 완 쑤아

주방세제
洗洁精
xǐ jié jīng
시 지에 징

알루미늄호일
铝箔
lǚ bó
루 뽀

병따개
开瓶器
kāi píng qì
카이 핑 치

젓가락
筷子
kuài zi
쿠아이 즈

포크
叉子
chā zi
챠 즈

숟가락
勺子
sháo zi
싸오 즈

접시
盘子
pán zi
판 즈

소금
盐
yán
엔

후추
胡椒
hú jiāo
후 지아오

조미료
调料
tiáo liào
티아오 리아오

음식을 먹다
吃东西
chī dōng xi
츠 동 시

관련대화

A : 요리는 조미료와 손맛이죠.

料理的味道取决于调料和手艺。

liào lǐ de wèi dào qǔ jué yú tiáo liào hé shǒu yì

리아오 리 더 웨이 따오 취 쥐에 위 티아오 리아오 허 쏘우 이

B : 그렇지만 음식에 화학조미료를 너무 많이 넣는 건 좋지 않은 거 같아요.

不过在食物中添加过多的人工调料并不好。

bú guò zài shí wù zhōng tiān jiā guò duō de rén gōng tiáo liào bìng bù hǎo

뿌 꾸오 자이 쓰 우 쭝 티엔 지아 구오 두오 더 런 꽁 티아오 리아오 삥 뿌 하오

A : 그건 그래요.

对的。

duì de

두이 더

Unit 07 욕실용품

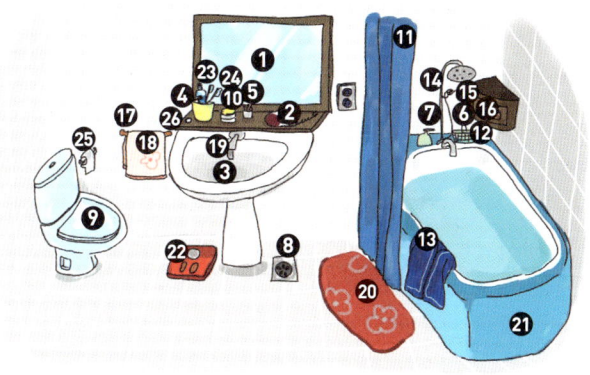

① 거울
镜子
jìng zi
징 즈

② 드라이기
吹风机
chuī fēng jī
추이 펑 지

③ 세면대
洗脸池
xǐ liǎn chí
씨 리엔 츠

④ 면도기
刮胡刀
guā hú dāo
꾸아 후 따오

⑤ 면봉
棉签
mián qiān
미엔 치엔

⑥ 목욕바구니
浴筐
yù kuāng
위 쿠앙

⑦ 바디로션
润肤露
rùn fū lù
룬 푸 루

⑧ 배수구
排水口
pái shuǐ kǒu
파이 쑤이 코우

⑨ 변기
马桶
mǎ tǒng
마 통

⑩ 비누
香皂
xiāng zào
씨앙 자오

⑪ 욕실커튼
浴帘
yù lián
위 리엔

⑫ 빗
梳子
shū zi
쑤 즈

⑬ 샤워가운
浴袍
yù páo
위 파오

⑭ 샤워기
淋浴器
lín yù qì
린 위 치

⑮ 샴푸
洗发水
xǐ fà shuǐ
씨 파 쑤이

⑯ 린스
护发素
hù fà sù
후 파 수

⑰ 수건걸이
毛巾架
máo jīn jià
마오 진 지아

⑱ 수건
毛巾
máo jīn
마오 진

⑲ 수도꼭지
水龙头
shuǐ lóng tóu
쑤이 롱 토우

⑳ 욕실매트
浴室地垫
yù shì dì diàn
위 쓰 디 디엔

㉑ 욕조
浴缸
yù gāng
위 깡

㉒ 체중계
体重计
tǐ zhòng jì
티 쭝 지

㉓ 치약
牙膏
yá gāo
야 까오

㉔ 칫솔
牙刷
yá shuā
야 쑤아

㉕ 화장지
卫生纸
wèi shēng zhǐ
웨이 썽 쯔

㉖ 치실
牙线
yá xiàn
야 시엔

관련대화

A : 변기에 물이 내려가나요?

马桶通畅吗?
mǎ tǒng tōng chàng ma
마 통 통 챵 마

B : 아니요. 변기가 막혔어요.

没有,马桶堵住了。
méi yǒu, mǎ tǒng dǔ zhù le
메이 요우, 마 통 두 쭈 러

관련단어

한국어	中文	拼音	발음
이를 닦다	刷牙	shuā yá	쑤아 야
헹구다	漂洗	piǎo xǐ	피아오 시
씻어내다	冲洗	chōng xǐ	충 시
말리다	干燥	gān zào	깐 자오
면도를 하다	刮胡子	guā hú zi	꾸아 후 즈
머리를 빗다	梳头	shū tóu	쑤 토우
샤워를 하다	淋浴	lín yù	린 위
변기에 물을 내리다	冲马桶	chōng mǎ tǒng	충 마 통
머리를 감다	洗头	xǐ tóu	시 토우
목욕(욕조에 몸을 담그고 하는)	泡澡	pào zǎo	파오 자오

Chapter 07 주거 관련

Chapter 08 음식

Unit 01 과일

렌우
莲雾
lián wù
리엔 우

용안
龙眼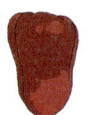
lóng yǎn
롱 엔

여지
荔枝
lì zhī
리 즈

망고
芒果
máng guǒ
망 꾸오

비파
枇杷
pí pá
피 파

망고스틴
山竹
shān zhú
싼 쭈

산사
山楂
shān zhā
싼 짜

양매
杨梅
yáng méi
양 메이

양다래
杨桃
yáng táo
양 타오

유자
柚子
yòu zi
요우 즈

하미과
哈密瓜
hā mì guā
하 미 꾸아

홍마오단
红毛丹
hóng máo dān
홍 마오 딴

사과
苹果
píng guǒ
핑 꾸오

배
梨
lí
리

귤
橘子
jú zi
쥐 즈

수박
西瓜
xī guā
시 꾸아

포도
葡萄
pú táo
푸 타오

복숭아
桃子
táo zi
타오 즈

멜론
甜瓜
tián guā
티엔 꾸아

앵두
樱桃
yīng táo
잉 타오

오렌지
橙子
chéng zi
청 즈

레몬
柠檬
níng méng
닝 멍

바나나
香蕉
xiāng jiāo
시앙 지아오

자두
李子
lǐ zi
리 즈

두리안
榴莲
liú lián
리우 리엔

살구
杏
xìng
싱

감
柿子
shì zi
쓰 즈

참외
香瓜
xiāng guā
시앙 꾸아

파인애플
菠萝
bō luó
뽀 루오

키위
猕猴桃
mí hóu táo
미 호우 타오

코코넛
椰子
yē zi
예 즈

사탕수수
甘蔗
gān zhe
깐 져

구아바
番石榴
fān shí liu
판 쓰 리우

밤
板栗
bǎn lì
빤 리

대추
大枣
dà zǎo
따 자오

딸기
草莓
cǎo méi
차오 메이

건포도
葡萄干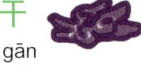
pú táo gān
푸 타오 깐

체리
樱桃
yīng táo
잉 타오

블루베리
蓝莓
lán méi
란 메이

라임
青柠
qīng níng
칭 닝

무화과
无花果
wú huā guǒ
우 후아 꾸오

석류
石榴
shí liu
쓰 리우

관련대화

A : 무엇을 사시겠습니까?
您要买什么?
nīn yào mǎi shén me
닌 야오 마이 썬 머

B : 렌우 한 근에 얼마예요?
莲雾多少钱一斤?
lián wù duō shǎo qián yì jīn
리엔 우 두오 싸오 치엔 이 진

A : 50위안입니다.
五十块钱。
wǔ shí kuài qián
우 쓰 쿠아이 치엔

B : 한 근 주세요.
请给我一斤。
qǐng gěi wǒ yì jīn
칭 게이 워 이 진

Unit 02 채소, 뿌리식물

고수나물
香菜
xiāng cài
씨앙 차이

공심채
空心菜
kōng xīn cài
콩 씬 차이

청경채
油菜
yóu cài
요우 차이

호박
南瓜
nán guā
난 꾸아

당근
胡萝卜
hú luó bo
후 루오 뽀

피망
青椒
qīng jiāo
칭 지아오

버섯
蘑菇
mó gu
모 꾸

감자
土豆
tǔ dòu
투 또우

고추
辣椒
là jiāo
라 지아오

토마토
番茄
fān qié
판 치에

무
萝卜
luó bo
루오 뽀

배추
白菜
bái cài
빠이 차이

마늘
蒜
suàn
수안

우엉
牛蒡
niú bàng
니우 빵

상추
生菜
shēng cài
썽 차이

시금치
菠菜
bō cài
뽀어 차이

양배추
卷心菜
juǎn xīn cài
쥐엔 씬 차이

브로콜리
西兰花
xī lán huā
씨 란 후아

양파
洋葱
yáng cōng
양 총

단호박
西葫芦
xī hú lu
씨 후 루

고구마
红薯
hóng shǔ
홍 쑤

오이
黄瓜
huáng guā
후앙 꾸아

파
葱
cōng
총

콩나물
豆芽
dòu yá
또우 야
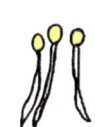

생강
生姜
shēng jiāng
썽 찌앙

미나리
芹菜
qín cài
친 차이

옥수수
玉米
yù mǐ
위 미

가지
茄子
qié zi
치에 즈

송이버섯
松口菇
sōng kǒu gū
송 코우 꾸

죽순
竹笋
zhú sǔn
쥬 순

더덕
沙参
shā shēn
싸 썬

도라지
桔梗
jié gěng
지에 껑
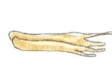

깻잎
苏子叶
sū zi yè
수 즈 예

고사리
蕨菜
jué cài
쥐에 차이

청량고추
辣椒
là jiāo
라 지아오

팽이버섯
金针菇
jīn zhēn gū
진 쩐 꾸

올리브
橄榄
gǎn lǎn
간 란

쑥갓
茼蒿
tóng hāo
통 하오

인삼
人参
rén shēn
런 썬

홍삼
红参
hóng shēn
홍 션

관련대화

A : 고수나물 한 근에 얼마예요?
香菜一斤多少钱?
xiāng cài yì jīn duō shǎo qián
시앙 차이 이 진 두오 싸오 치엔

B : 10위엔 입니다.
十块钱。
shí kuài qián
쓰 쿠아이 치엔

A : 싱싱한 것으로 주세요.
请给我新鲜的。
qǐng gěi wǒ xīn xiān de
칭 게이 워 신 시엔 더

Unit 03 수산물, 해조류

오징어
墨鱼
mò yú
모 위

송어
鳟鱼
zūn yú
쭌 위

우럭
石斑鱼
shí bān yú
쓰 빤 위

가물치
黑鱼
hēi yú
헤이 위

고등어
青花鱼
qīng huā yú
칭 후아 위

참조기
小黄鱼
xiǎo huáng yú
시아오 후앙 위

메기
鲇鱼
nián yú
니엔 위

복어
河豚
hé tún
허 툰

새우
虾
xiā
씨아

대구
大头鱼
dà tóu yú
다 토우 위

연어
三文鱼
sān wén yú
산 원 위

전복
鲍鱼
bào yú
빠오 위

가리비 조개
扇贝
shàn bèi
싼 뻬이

갈치
带鱼
dài yú
따이 위

게
蟹
xiè
씨에

잉어
鲤鱼
lǐ yú
리 위

붕어
鲫鱼
jì yú
지 위

문어
章鱼
zhāng yú
짱 위

가재
龙虾
lóng xiā
롱 씨아

민어
黃姑鱼
huáng gū yú
후앙 꾸 위

멍게
海鞘
hǎi qiào
하이 치아오

성게
海胆
hǎi dǎn
하이 단

방어
鲂鱼
fáng yú
팡 위

해삼
海参
hǎi shēn
하이 썬

명태
明太鱼
míng tài yú
밍 타이 위

삼치
鲅鱼
bà yú
빠 위

미더덕
柄海鞘
bǐng hǎi qiào
삥 하이 치아오

굴
牡蛎
mǔ lì
무 루

광어
比目鱼
bǐ mù yú
비 무 위

고래
鲸
jīng
징

북어
干明太
gān míng tài
깐 밍 타이

미역
海带
hǎi dài
하이 따이

김
海苔
hǎi tái
하이 타이

관련대화

A : 고래고기 먹어본 적 있어요?
你吃过鲸鱼肉?
nǐ chī guò jīng yú ròu
니 츠 꾸오 징 위 로우

B : 그럼요. 고래고기는 정말 맛있어요.

吃过，很好吃。
chī guò, hěn hǎo chī
츠 꾸오, 헌 하오 츠

Unit 04 육류

소고기
牛肉
niú ròu
니우 로우
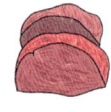

돼지고기
猪肉
zhū ròu
쭈 로우

닭고기
鸡肉
jī ròu
지 로우

칠면조
火鸡
huǒ jī
후오 지

베이컨
培根
péi gēn
페이 껀

햄
火腿
huǒ tuǐ
후오 투이

소시지
香肠
xiāng cháng
시앙 창
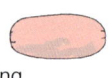

육포
肉干
ròu gān
로우 깐

양고기
羊肉
yáng ròu
양 로우
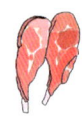

달걀
鸡蛋
jī dàn
지 딴

관련대화

A : 양꼬치는 어느 지역이 제일 맛있나요?
哪个地方的羊肉串最好吃?
nǎ gè dì fāng de yáng ròu chuàn zuì hǎo chī
나 거 디 팡 더 양 로우 추안 주이 하오 츠

B : 양꼬치는 중국의 신장 지역이 제일 유명해요.
中国新疆的羊肉串最有名。
zhōng guó xīn jiāng de yáng ròu chuàn zuì yǒu míng
쫑 꾸오 신 지앙 더 양 로우 추안 주이 요우 밍

콩 심은 데 콩 나고 팥 심은 데 팥 난다.
种瓜得瓜,种豆得豆。
zhòng guā dé guā, zhòng dòu dé dòu
쫑 꾸아 더 꾸아, 쫑 또우 더 또우

Unit 05 음료수

콜라
可乐
kě lè
커 러

사이다
雪碧
xuě bì
쉬에 삐

커피
咖啡
kā fēi
카 페이

핫초코
巧克力热饮
qiǎo kè lì rè yǐn
치아오 커 리 러 인

식혜
米酿
mǐ niàng
미 니앙

녹차
绿茶
lǜ chá
루 차

밀크버블티
珍珠奶茶
zhēn zhū nǎi chá
쩐 쭈 나이 차

우롱차
乌龙茶
wū lóng chá
우 롱 차
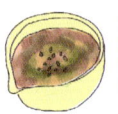

밀크티
奶茶
nǎi chá
나이 차

우유
牛奶
niú nǎi
니우 나이

두유
豆乳
dòu rǔ
또우 루

생수
水
shuǐ
쑤이

오렌지주스
橙汁
chéng zhī
청 쯔

왕라오지
王老吉
wáng lǎo jí
왕 라오 지

요구르트
酸牛奶
suān niú nǎi
수안 니우 나이

관련대화

A : 무엇을 드시겠습니까?
你要喝什么?
nǐ yào hē shén me
니 야오 허 썬 머

B : 커피 네 잔 주세요.
请给我四杯咖啡。
qǐng gěi wǒ sì bēi kā fēi
칭 께이 워 스 뻬이 카 페이

A : 어떤 커피로 하시겠습니까?
请问你想喝点什么咖啡?
qǐng wèn nǐ xiǎng hē diǎn shén me kā fēi
칭 원 니 시앙 허 디엔 썬 머 카 페이

B : 어떤 종류가 있나요?
有什么咖啡?
yǒu shén me kā fēi
요우 썬 머 카 페이

A : 아메리카노 커피와 카푸치노 커피가 있습니다.
有美式咖啡和卡布奇诺咖啡。
yǒu měi shì kā fēi hé kǎ bù qí nuò kā fēi
요우 메이 쓰 카 페이 허 카 뿌 치 누오 카 페이

B : 4잔 모두 아메리카노로 주세요.
请给我4杯美式咖啡。
qǐng gěi wǒ sì bēi měi shì kā fēi
칭 게이 워 스 뻬이 메이 쓰 카 페이

Unit 06 기타식품 및 요리재료

치즈
奶酪
nǎi lào
나이 라오

요거트
酸奶
suān nǎi
수안 나이

아이스크림
冰淇淋
bīng qí lín
삥 치 린

분유
奶粉
nǎi fěn
나이 펀

버터
黄油
huáng yóu
후앙 요우

참치
金枪鱼
jīn qiāng yú
진 치앙 위

식용유
食油
shí yóu
쓰 요우

간장
酱油
jiàng yóu
지앙 요우

소금
盐
yán
옌

설탕
糖
táng
탕

식초
醋
cù
추

참기름
香油
xiāng yóu
시앙 요우

후추
胡椒
hú jiāo
후 지아오

와사비
芥末
jiè mo
지에 모어

된장
大酱
dà jiàng
다 지앙

관련대화

A : 이 음식 식초를 많이 넣어서 새콤해서 맛있네요.
这个菜放了很多醋，酸酸的很好吃。
zhè ge cài fàng le hěn duō cù, suān suān de hěn hǎo chī
쩌 꺼 차이 팡 러 헌 두오 추, 수안 수안 더 헌 하오 츠

B : 제가 새콤한 맛을 좋아해서요. 당신이 맛있게 생각해줘서 너무 기뻐요.
因为我喜欢酸味，所以你觉得好吃，我很开心。
yīn wèi wǒ xǐ huan suān wèi, suǒ yǐ nǐ jué de hǎo chī, wǒ hěn kāi xīn
인 웨이 워 시 후안 수안 웨이, 수오 이 니 주에 더 하오 츠, 워 헌 카이 신

백성에겐 먹는 것이 가장 중요하다.
(금강산도 식후경)
民以食为天。
mín yǐ shí wéi tiān
민 이 쓰 웨이 티엔

Unit 07 중한 대표요리

중국요리

마파두부
麻婆豆腐
má pó dòu fu
마 포 또우 푸

산니백육
蒜泥白肉
suàn ní bái ròu
수안 니 빠이 로우

위씨앙로우스
鱼香肉丝
yú xiāng ròu sī
위 씨앙 로우 스

꽁빠오찌딩
宫爆鸡丁
gōng bào jī dīng
꽁 빠오 지 띵

찐링이엔쑤이야
金陵盐水鸭
jīn líng yán shuǐ yā
진 링 엔 쑤이 야

칭뚠씨에펀쯔즈토우
清炖蟹粉狮子头
qīng dùn xiè fěn shī zi tóu
칭 뚠 씨에 펀 쓰 즈 토우

삼배계
三杯鸡
sān bēi jī
산 뻬이 지

탕수육
糖醋里脊
táng cù lǐ jǐ
탕 추 리 지

사오지공
烧鸡公
shāo jī gōng
싸오 지 꽁

동파육
东坡肉
dōng pō ròu
똥 포 로우

거지닭
叫花鸡
jiào huā jī
지아오 후아 지

밥
米饭
mǐ fàn
미 판

죽
粥
zhōu
쪼우

계란볶음밥
蛋炒饭
dàn chǎo fàn
딴 차오 판

볶음면
炒面
chǎo miàn
차오 미엔

만두
饺子
jiǎo zi
지아오 즈

춘취엔
春卷
chūn juǎn
춘 쥐엔

자장면
炸酱面
zhá jiàng miàn
짜 지앙 미엔

양꼬치
羊肉串
yáng ròu chuàn
양 로우 추안
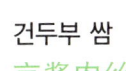

건두부 쌈
京酱肉丝
jīng jiàng ròu sī
징 지앙 로우 스

마라탕
麻辣烫
má là tàng
마 라 탕

대나무밥
粽子
zòng zi
종 즈

고구마 맛탕
拔丝地瓜
bá sī dì guā
빠 쓰 띠 꾸아

과일꼬치
糖葫芦
táng hú lu
탕 후 루

(중국식)샤브샤브
火锅
huǒ guō
훠 궈

한국식당요리

라면
拉面
lā miàn
라 미엔

냉면
冷面
lěng miàn
렁 미엔

삼계탕
参鸡汤
shēn jī tāng
썬 지 탕

된장찌개
大酱汤
dà jiàng tāng
다 지앙 탕

청국장찌개
清麹酱锅
qīng qū jiàng guō
칭 취 지앙 꾸오

순두부찌개
嫩豆腐汤
nèn dòu fu tāng
넌 도우 푸 탕

부대찌개
部队火锅
bù duì huǒ guō
뿌 두이 후오 꾸오

갈비탕
排骨汤
pái gǔ tāng
파이 꾸 탕

감자탕
脊骨土豆汤
jǐ gǔ tǔ dòu tāng
지 꾸 투 도우 탕

설렁탕
牛杂碎汤
niú zá sui tāng
니우 자 수이 탕

비빔밥
拌饭
bàn fàn
빤 판

돌솥비빔밥
石锅拌饭
shí guō bàn fàn
쓰 구오 빤 판

떡볶이
炒年糕
chǎo nián gāo
차오 니엔 까오

순대
血肠
xiě cháng
시에 창

꼬치오뎅
鱼糕串儿
yú gāo chuan ér
위 까오 추알

찐빵
馒头
mán tou
만 토우

팥빙수
红豆冰
hóng dòu bīng
홍 도우 삥

떡
年糕
nián gāo
니엔 까오

해물파전
海鲜葱煎饼
hǎi xiān cōng jiān bǐng
하이 시엔 총 지엔 삥

김밥
紫菜卷饭
zǐ cài juǎn fàn
즈 차이 쥐엔 판

간장게장
酱蟹
jiàng xiè
지앙 시에

삼겹살
烤肉
kǎo ròu
카로 로우

족발
猪脚
zhū jiǎo
쭈 지아오

관련대화

A : 무엇을 주문하시겠어요?
请问您要点什么?
qǐng wèn nín yào diǎn shén me?
칭 원 닌 야오 디엔 썬 머

B : 베이징 오리구이 주세요. 고수나물은 넣지 마세요.
请给我北京烤鸭。请不要放香菜。
qǐng gěi wǒ běi jīng kǎo yā. qǐng bú yào fàng xiāng cài
칭 께이 워 뻬이 징 카오 야. 칭 뿌 야오 팡 시앙 차이

Unit 08 요리방식

데치다
焯
chāo
차오

굽다
烤
kǎo
카오

튀기다
油炸
yóu zhá
요우 짜

탕/찌개
汤
tāng
탕
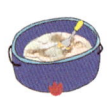

찌다
蒸
zhēng
쩡

무치다
拌
bàn
빤

볶다
炒
chǎo
차오

훈제
熏
xūn
쉰

끓이다
煮
zhǔ
쭈

삶다
烹
pēng
펑

섞다
和
huò
후오

휘젓다
搅
jiǎo
지아오

밀다
擀
gǎn
깐
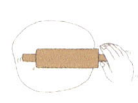

얇게 썰다
切成薄片
qiē chéng báo piàn
치에 청 빠오 피엔

손질하다
收拾
shōu shi
쏘우 쓰

반죽하다
搓揉
cuō róu
추오 로우

관련대화

A : 훈제요리 좋아하세요?
你喜欢熏的料理吗?
nǐ xǐ huan xūn de liào lǐ ma
니 시 후안 쉰 더 리아오 리 마

B : 네 좋아합니다.
很喜欢。
hěn xǐ huan
헌 시 후안

A : 그럼 오늘 오리훈제 먹으러 갈래요?
那，我们今天吃熏制料理去吧?
nà, wǒ men jīn tiān chī xūn zhì liào lǐ qù ba
나, 워 먼 진 티엔 츠 쉰 쯔 리아오 리 취 빠

B : 좋지요.
好的，好的。
hǎo de, hǎo de
하오 더, 하오 더

A : 오늘은 제가 한턱 낼게요.
今天我请你。
jīn tiān wǒ qǐng nǐ
진 티엔 워 칭 니

B : 감사합니다.
谢谢你。
xiè xie nǐ
시에 시에 니

Unit 09 패스트푸드점

롯데리아
乐天利
lè tiān lì
러 티엔 리

맥도날드
麦当劳
mài dāng láo
마이 땅 라오

파파이스
派派思
pài pài sī
파이 파이 시

KFC
肯德基
kěn dé jī
컨 떠 지

피자헛
必胜客
bì shèng kè
삐 썽 커

버거킹
汉堡王
hàn bǎo wáng
한 바오 왕

서브웨이
赛百味
sài bǎi wèi
사이 빠이 웨이

관련대화

A : 오늘 롯데리아 가서 밥 먹을까요?
今天去乐天利吃饭吧?
jīn tiān qù lè tiān lì chī fàn ba
진 티엔 취 러 티엔 리 츠 판 빠

B : 좋아요.
好的, 好的。
hǎo de, hǎo de
하오 더, 하오 더

Unit 10 주류

백주
白酒
bái jiǔ
빠이 지우

고량주
高粱酒
gāo liáng jiǔ
까오 리앙 지우

십전대보주
十全大补酒
shí quán dà bǔ jiǔ
쓰 취엔 다 뿌 지우

홍성이과두주
红星二锅头
hóng xīng èr guō tóu
홍 싱 얼 꾸오 토우

라오베이징주
老北京
lǎo běi jīng
라오 뻬이 징

소주
烧酒
shāo jiǔ
싸오 지우

양하대곡주
洋河大曲酒
yáng hé dà qū jiǔ
양 허 다 취 지우

칭따오 맥주
青岛啤酒
qīng dǎo pí jiǔ
칭 다오 피 지우

하얼빈 맥주
哈尔滨啤酒
hā ěr bīn pí jiǔ
하 얼 삔 피 지우

양주
洋酒
yáng jiǔ
양 지우

징주
京酒
jīng jiǔ
징 지우

위스키
威士忌
wēi shì jì
웨이 쓰 지

보드카
伏特加
fú tè jiā
푸 터 지아

마이타이
茅台酒
máo tái jiǔ
마오 타이 지우

레드와인
红葡萄酒
hóng pú táo jiǔ
홍 푸 타오 지우

화이트와인
白葡萄酒
bái pú táo jiǔ
빠이 푸 타오 지우

오량액
五粮液
wǔ liáng yè
우 리앙 예

싼비엔주
三鞭酒
sān biān jiǔ
산 삐엔 지우

수정방
水井坊
shuǐ jǐng fáng
쑤이 징 팡

죽엽청주
竹叶青酒
zhú yè qīng jiǔ
쭈 예 칭 지우

주귀주
酒鬼酒
jiǔ guǐ jiǔ
지우 꾸이 지우

막걸리
马格利酒
mǎ gé lì jiǔ
마 꺼 리 지우

동동주
冬冬酒
dōng dong jiǔ
동 동 지우

백하주
白霞酒
bái xiá jiǔ
빠이 시아 지우

문배술
文杯酒
wén bēi jiǔ
원 뻬이 지우

과실주
水果酒
shuǐ guǒ jiǔ
쑤이 꾸오 지우

복분자주
覆盆子酒
fù pén zǐ jiǔ
푸 펀 즈 지우

매실주
梅子酒
méi zi jiǔ
메이 즈 지우

청주
清酒
qīng jiǔ
칭 지우

칵테일
鸡尾酒
jī wěi jiǔ
지 웨이 지우

관련대화

A : 건배!
干杯!
gān bēi
깐 뻬이

B : 이 술은 몇 도인가요?
这酒多少度啊?
zhè jiǔ duō shǎo dù a
쩌 지우 두오 싸오 두 아

A : 50도예요.
五十度。
wǔ shí dù
우 쓰 두

B : 어머 엄청 높네요.
哇, 真高啊!
wā, zhēn gāo a
와, 쩐 까오 아

관련단어

과음	过量饮酒	guò liàng yǐn jiǔ	꾸오 리앙 인 지우
숙취해소제	解酒药	jiě jiǔ yào	지에 지우 야오
알콜중독	酒精中毒	jiǔ jīng zhòng dú	지우 징 쫑 두
술친구	酒友	jiǔ yǒu	지우 요우

Unit 11 맛 표현

맛있어요
好吃
hǎo chī
하오 츠

맛없어요
不好吃
bù hǎo chī
뿌 하오 츠

싱거워요
淡
dàn
딴

뜨거워요
烫
tàng
탕

달아요
甜
tián
티엔

짜요
咸
xián
씨엔

매워요
辣
là
라

얼큰해요
辣乎乎的
là hū hū de
라 후 후 더

시어요
酸
suān
수안

써요
苦
kǔ
쿠

떫어요
涩
sè
서

느끼해요
油腻
yóu nì
요우 니

고소해요
可口
kě kǒu
커 코우

담백해요
清淡
qīng dàn
칭 딴

시원해요
爽口
shuǎng kǒu
쑤앙 코우

비려요
腥
xīng
씽

소화가 안돼요
不好消化
bù hǎo xiāo huà
뿌 하오 시아오 후아

관련대화

A : 맛이 어때요?

饭菜味道怎么样啊?
fàn cài wèi dào zěn me yàng a
판 차이 웨이 다오 전 머 양 아

B : 이 음식 맛있어요.

这个菜好吃。
zhè ge cài hǎo chī
쩌 꺼 차이 하오 츠

관련단어

씹다	咀嚼	jǔ jué	쥐 쥐에
영양분을 공급하다	提供营养	tí gōng yíng yǎng	티 꽁 잉 양
과식하다	吃得过多	chī de guò duō	츠 더 꾸오 두오
먹이다	喂	wèi	웨이
삼키다	吞	tūn	툰
조금씩 마시다	抿	mǐn	민
조리법	烹饪法	pēng rèn fǎ	펑 런 파
날것	生的	shēng de	썽 더
썩다 ↔ fresh	腐烂	fǔ làn	푸 란
칼슘	钙质	gài zhì	까이 쯔
단백질	蛋白质	dàn bái zhì	단 빠이 쯔

한국어	중국어	병음	발음
비타민	维生素	wéi shēng sù	웨이 썽 수
지방(질)	脂肪(质)	zhī fáng (zhì)	쯔 팡 (쯔)
탄수화물	碳水化合物	tàn shuǐ huà hé wù	탄 쑤이 후아 허 우
입맛	口味	kǒu wèi	코우 웨이
무기질	无机质	wú jī zhì	우 지 쯔
에스트로겐	雌激素	cí jī sù	츠 지 수
아미노산	氨基酸	ān jī suān	안 지 수안
체지방	体脂肪	tǐ zhī fáng	티 쯔 팡
피하지방	皮下脂肪	pí xià zhī fáng	피 시아 쯔 팡
열량(칼로리)	热量	rè liàng	르어 리앙
영양소	营养素	yíng yǎng sù	잉 양 수
포화지방	饱和脂肪	bǎo hé zhī fang	빠오 허 쯔 팡
불포화지방	反式脂肪	fǎn shì zhī fang	판 쓰 쯔 팡
포도당	葡萄糖	pú táo táng	푸 타오 탕
납	钠	nà	나

Chapter 09 쇼핑

Unit 01 쇼핑 물건

의류

정장
西服
xī fú
씨 푸

청바지
牛仔裤
niú zǎi kù
니우 자이 쿠

티셔츠
T恤衫
t xù shān
티 쉬 싼

원피스
连衣裙
lián yī qún
리엔 이 췬

반바지
短裤
duǎn kù
두안 쿠

치마
裙子
qún zi
췬 즈

조끼
背心
bèi xīn
뻬이 신

남방
格子衬衫
gé zi chèn shān
거 즈 천 싼

와이셔츠
衬衫
chèn shān
천 싼

재킷
夹克
jiā kè
찌아 커

운동복
运动服
yùn dòng fú
윈 똥 푸

오리털잠바
羽绒服
yǔ róng fú
위 롱 푸

스웨터
毛衣
máo yī
마오 이

우의
雨衣
yǔ yī
위 이

내복
内衣
nèi yī
네이 이

속옷
内衣
nèi yī
네이 이

팬티
内裤
nèi kù
네이 쿠

교복
校服
xiào fú
시아오 푸

레이스
蕾丝
lěi sī
레이 스
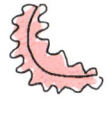

단추
纽扣
niǔ kòu
니우 쿠
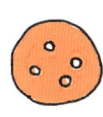

바지
裤子
kù zi
쿠 즈

버클
皮带扣
pí dài kòu
피 따이 코우

브래지어
胸罩
xiōng zhào
시웅 짜오
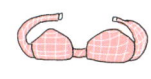

블라우스
女式衬衫
nǚ shì chèn shān
누 쓰 천 싼

셔츠
恤衫
xù shān
쉬 싼

소매
袖子
xiù zi
시우 즈

외투
大衣
dà yī
다 이

지퍼
拉链
lā liàn
라 리엔

잠옷
睡衣
shuì yī
쑤이 이

치파오
旗袍
qí páo
치 파오

한복
韩服
hán fú
한 푸

신발 양말

신발
鞋子
xié zi
씨에 즈

운동화
运动鞋
yùn dòng xié
윈 뚱 씨에

구두
皮鞋
pí xié
피 씨에

부츠
靴子
xuē zi
쉬에 즈

슬리퍼
拖鞋
tuō xié
투오 씨에

조리
人字拖
rén zì tuō
런 즈 투오

장화
雨鞋
yǔ xié
위 시에

양말
袜子
wà zi
와 즈

스타킹
丝袜
sī wà
스 와

샌들
凉鞋
liáng xié
리앙 씨에

기타 액세서리

모자
帽子
mào zi
마오 즈

가방
包
bāo
빠오

머리끈
头绳
tóu shéng
토우 썽

귀걸이
耳环
ěr huán
얼 후안

반지
戒指
jiè zhi
지에 쯔

안경
眼镜
yǎn jìng
엔 징

선글라스
太阳镜
tài yáng jìng
타이 양 징

지갑
钱包
qián bāo
치엔 빠오

목도리
围脖
wéi bó
웨이 뽀

스카프
围巾
wéi jīn
웨이 진

손목시계
手表
shǒu biǎo
쏘우 삐아오

팔찌
手链
shǒu liàn
쏘우 리엔

넥타이
领带
lǐng dài
링 따이

벨트
腰带
yāo dài
야오 따이

장갑
手套
shǒu tào
쏘우 타오

양산
阳伞
yáng sǎn
양 산

목걸이
项链
xiàng liàn
씨앙 리엔

손수건
手绢
shǒu juàn
쏘우 쥐엔

브로치
胸针
xiōng zhēn
시옹 쩐

머리핀
发卡
fà qiǎ
파 치아

기타용품

비누
香皂
xiāng zào
시앙 자오

가그린
漱口水
shù kǒu shuǐ
쑤 코우 쑤이

물티슈
湿巾
shī jīn
쓰 진

생리대
卫生巾
wèi shēng jīn
웨이 썽 진

기저귀
尿布湿
niào bù shī
니아오 후 쓰

우산
雨伞
yǔ sǎn
위 산

담배
烟
yān
엔

라이터
打火机
dǎ huǒ jī
다 후오 지

건전지
电池
diàn chí
디엔 츠

쇼핑백
购物袋
gòu wù dài
꼬우 우 다이

종이컵
纸杯
zhǐ bēi
쯔 뻬이

컵라면
碗面
wǎn miàn
완 미엔

모기약
驱蚊剂
qū wén jì
취 원 지

방취제
除臭剂
chú chòu jì
추 초우 지

면도크림
剃胡膏
tì hú gāo
티 후 까오

면도날
剃须刀片
tì xū dāo piàn
티 쉬 다오 피엔

스킨
化妆水
huà zhuāng shuǐ
후아 쭈앙 쑤이

로션
乳液
rǔ yè
루 예

썬크림
防晒霜
fáng shài shuāng
팡 싸이 쑤앙

샴푸
洗发水
xǐ fà shuǐ
시 파 쑤이

린스
护发素
hù fà sù
후 파 수

치약
牙膏
yá gāo
야 까오

칫솔
牙刷
yá shuā
야 쑤아

손톱깎이
指甲刀
zhǐ jiǎ dāo
쯔 지아 따오

화장지
卫生纸
wèi shēng zhǐ
웨이 썽 즈

립스틱
唇膏
chún gāo
춘 까오

비비크림
BB霜
BB shuāng
비비 쑤앙

파운데이션
粉底
fěn dǐ
펀 디

빗
梳子
shū zi
쑤 즈

사탕
糖
táng
탕

껌
口香糖
kǒu xiāng táng
코우 시앙 탕

초콜릿
巧克力
qiǎo kè lì
치아오 커 리

아이셰도
眼影
yǎn yǐng
옌 잉

매니큐어
指甲油
zhǐ jia yóu
쯔 지아 요우

향수
香水
xiāng shuǐ
시앙 쑤이

마스카라
睫毛膏
jié máo gāo
지에 마오 까오

파스
膏药
gāo yao
까오 야오

카메라
相机
xiàng jī
시앙 지

붓
毛笔
máo bǐ
마오 삐

책
书
shū
쑤

홍등
红灯笼
hóng dēng lóng
홍 덩 롱

거울
小镜子
xiǎo jìng zi
시아오 징 즈

핸드폰 케이스
手机壳
shǒu jī ké
쏘우 지 커

옥
玉石
yù shí
위 쓰

진주
珍珠
zhēn zhū
쩐 쭈
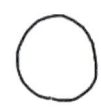

루비
红宝石
hóng bǎo shí
홍 빠오 쓰

다이아몬드
钻石
zuàn shí
주안 쓰

자수정
紫水晶
zǐ shuǐ jīng
즈 쑤이 징

에메랄드
祖母绿宝石
zǔ mǔ lǜ bǎo shí
주 무 뤼 빠오 쓰

사파이어
蓝宝石
lán bǎo shí
란 빠오 쓰

관련대화

A : 청바지는 어디에서 파나요?
请问哪里卖牛仔裤?
qǐng wèn nǎ lǐ mài niú zǎi kù
칭 원 나 리 마이 니우 자이 쿠

B : 2층에서 팝니다.
在2楼卖。
zài èr lóu mài
자이 얼 로우 마이

C : (2층 점원) 무엇을 도와드릴까요?
请问有什么可以帮到您?
qǐng wèn yǒu shén me kě yǐ bāng dào nín
칭 원 요우 썬 머 커 이 빵 다오 닌

A : 청바지를 사려고 합니다. 구경 좀 할게요.

我想买牛仔裤。先在这里随便看一下。
wǒ xiǎng mǎi niú zǎi kù. xiān zài zhè lǐ suí biàn kàn yí xià
워 시앙 마이 니우 자이 쿠. 시엔 자이 쩌 리 수이 삐엔 칸 이 시아

C : 편하게 구경하세요.

请您随便看。
qǐng nín suí biàn kàn
칭 닌 수이 삐엔 칸

관련단어

짝퉁제품	山寨产品	shān zhài chǎn pǐn	싼 짜이 찬 핀
바코드	条形码	tiáo xíng mǎ	티아오 싱 마
계산원	出纳员	chū nà yuán	추 나 위엔
선물	礼物	lǐ wù	리 우
상표	商标	shāng biāo	쌍 삐아오
현금	现金	xiàn jīn	시엔 진
지폐	钞票	chāo piào	차오 피아오
동전	硬币	yìng bì	잉 삐
환불	退钱	tuì qián	투이 치엔

Unit 02 색상

빨간색
红色
hóng sè
홍 서

주황색
橘黄色
jú huáng sè
쥐 후앙 서

노란색
黄色
huáng sè
후앙 서

초록색
草绿色
cǎo lǜ sè
차오 루 서

파란색
天蓝色
tiān lán sè
티엔 란 서

남색
蓝色
lán sè
란 서

보라색
紫色
zǐ sè
즈 서

상아색
象牙色
xiàng yá sè
씨앙 야 서

황토색
土黄色
tǔ huáng sè
투 후앙 서

검은색
黑色
hēi sè
헤이 서

회색
灰色
huī sè
후이 서

흰색
白色
bái sè
빠이 서

갈색
棕色
zōng sè
종 서

분홍색
粉红色
fěn hóng sè
펀 홍 서

관련대화

A : 좋아하는 색깔이 뭐예요?
你喜欢什么颜色?
nǐ xǐ huan shén me yán sè
니 시 후안 썬 머 엔 서

B : 저는 파란색을 좋아해요. 파란색을 보면 마음이 편해져요.
我喜欢蓝色, 看到蓝色心里就很舒服。
wǒ xǐ huan lán sè, kàn dào lán sè xīn lǐ jiù hěn shū fu
워 시 후안 란 서, 칸 다오 란 서 신 리 지우 헌 쑤 푸

A : 그래요? 저는 초록색을 보면 마음이 편해지더라고요.
是吗? 我看到绿色心里就很舒服。
shì ma? wǒ kàn dào lǜ sè xīn lǐ jiù hěn shū fu
쓰 마? 워 칸 다오 루 서 신 리 지우 헌 쑤 푸

관련단어

복장	服装	fú zhuāng	푸 쭈앙
의상	衣服	yī fu	이 푸
직물	织物	zhī wù	쯔 우
감촉	手感	shǒu gǎn	쏘우 깐
모피	毛皮	máo pí	마오 피
단정한	整齐的	zhěng qí de	쩡 치 더
깔끔한	干净的	gān jìng de	깐 징 더
방수복	防水服	fáng shuǐ fú	팡 쑤이 푸
차려입다	盛装打扮	shèng zhuāng dǎ ban	썽 쭈앙 다 빤
장식하다	打扮	dǎ ban	다 빤
사치스럽다	奢侈	shē chǐ	써 츠
어울리다	合适	hé shì	허 쓰

Unit 03 구매 표현

이것
这个
zhè ge
쩌 꺼

저것
那个
nà ge
나 꺼

더 화려한 것
更华丽的
gèng huá lì de
껑 후아 리 더

더 큰 것
更大码的
gèng dà mǎ de
껑 따 마 더

더 작은 것
更小码的
gèng xiǎo mǎ de
껑 씨아오 마 더

더 수수한 것
普通点的
pǔ tōng diǎn de
푸 통 띠엔 더

유행상품
流行商品
liú xíng shāng pǐn
리우 씽 쌍 핀

더 무거운 것
更重的
gèng zhòng de
껑 쫑 더

더 가벼운 것
更轻的
gèng qīng de
껑 칭 더

더 긴 것
更长的
gèng cháng de
껑 창 더

더 짧은 것
更短的
gèng duǎn de
껑 뚜안 더

다른 종류
其他种类
qí tā zhǒng lèi
치 타 쫑 레이

다른 디자인
其他款式
qí tā kuǎn shì
치 타 쿠안 쓰

다른 색깔
其他颜色
qí tā yán sè
치 타 옌 서

더 싼 것
更便宜的
gèng pián yi de
껑 피엔 이 더

더 비싼 것
更贵的
gèng guì de
껑 꾸이 더

신상품
新款
xīn kuǎn
씬 쿠안

세일 상품
折扣商品
zhé kòu shāng pǐn
쩌 코우 쌍 핀

입다
穿
chuān
추안

신다
穿
chuān
추안

메다
系
jì
지

먹다
吃
chī
츠

바르다
擦
cā
차

들다
提
tí
티

만지다
摸
mō
모

쓰다
用
yòng
용

착용하다
戴
dài
따이

몇 가지
几种
jǐ zhǒng
지 종

관련대화

A : 다른 종류를 좀 보여주시겠어요.
请给我看一下其他种类。
qǐng gěi wǒ kàn yí xià qí tā zhǒng lèi
칭 께이 워 칸 이 시아 치 타 쫑 레이

B : 네, 알겠습니다.
好的, 好的。
hǎo de, hǎo de
하오 더, 하오 더

관련단어

쇼핑몰	购物中心	gòu wù zhōng xīn	꼬우 우 쫑 신
상품	商品	shāng pǐn	쌍 핀
하자가 있는	疵品	cī pǐn	츠 핀
환불	退货	tuì huò	투이 후오
구입하다	采购	cǎi gòu	차이 꼬우
영수증	发票	fā piào	파 피아오
보증서	保证书	bǎo zhèng shū	빠오 쩡 쑤
세일	打折	dǎ zhé	다 쩌
계산대	结帐台	jié zhàng tái	지에 짱 타이
저렴한	低廉的	dī lián de	디 리엔 더
물건이 다 팔렸다	东西卖光了	dōng xi mài guāng le	동 시 마이 꾸앙 러

재고정리	整理库存	zhěng lǐ kù cún	쩡 리 쿠 춘
신상품	新商品	xīn shāng pǐn	신 쌍 핀
공짜	免费	miǎn fèi	미엔 페이

느린 것을 두려워 말고,
멈추는 것을 두려워하라.
不怕慢，只怕站。
bú pà màn, zhǐ pà zhàn
뿌 파 만, 쯔 파 짠

Chapter 10 도시

Unit 01 자연물 또는 인공물

강
江
jiāng
지앙

과수원
果木园
guǒ mù yuán
꾸오 무 위엔

나무
树
shù
쑤

논
稻田
dào tián
다오 티엔

농작물
农作物
nóng zuò wù
농 주오 우

동굴
洞
dòng
똥

들판
野地
yě dì
예 디

바다
海
hǎi
하이

밭
田
tián
티엔

사막
沙漠
shā mò
싸 모

산
山
shān
싼

섬
岛
dǎo
따오

삼림
森林
sēn lín
선 린

습지
湿地
shī dì
쓰 띠

연못
水塘
shuǐ táng
쑤이 탕
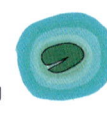

저수지
水库
shuǐ kù
쑤이 쿠

초원
草原
cǎo yuán
차오 위엔

폭포
瀑布
pù bù
푸 뿌

해안
海岸
hǎi àn
하이 안

협곡
峡谷
xiá gǔ
시아 꾸

호수
湖
hú
후

목장
牧场
mù chǎng
무 창

바위
岩石
yán shí
옌 쓰

관련대화

A : 사막에 가본 적이 있나요?

你去过了沙漠吗?
nǐ qù guò le shā mò ma
니 취 꾸오 러 싸 모 마

B : 네, 가본 적이 있어요.

嗯, 去过。
ēn, qù guò
언, 취 꾸오

관련단어

수확하다	收获	shōu huò	쏘우 후오
씨를 뿌리다	播种	bō zhǒng	뽀어 쫑
온도	温度	wēn dù	원 두
수평선	水平线	shuǐ píng xiàn	쑤이 핑 시엔
지평선	地平线	dì píng xiàn	디 핑 시엔
화석	化石	huà shí	후아 쓰
습도	湿度	shī dù	쓰 뚜
대지	大地	dà dì	따 띠
모래	沙子	shā zi	싸 즈
논두렁	田埂	tián gěng	티엔 껑

호르지 않는 물은 악취가 나고, 배우지 않는 자는 뒤쳐진다.
水不流会发臭，人不学会落后。
shuǐ bù liú huì fā chòu, rén bù xué huì luò hòu
쑤이 뿌 리우 후이 파 초우, 런 뿌 쉬에 후이 루오 호우

Unit 02 도시 건축물

우체국
邮局
yóu jú
요우 쥐

은행
银行
yín háng
인 항

경찰서
公安局
gōng ān jú
꽁 안 쥐

병원
医院
yī yuàn
이 위엔

편의점
便利店
biàn lì diàn
삐엔 리 띠엔

호텔
酒店
jiǔ diàn
지우 띠엔

서점
书店
shū diàn
쑤 띠엔

백화점
百货商店
bǎi huò shāng diàn
빠이 후오 쌍 띠엔

노래방
练歌房
liàn gē fáng
리엔 꺼 팡

커피숍
咖啡店
kā fēi diàn
카 페이 띠엔

영화관
电影院
diàn yǐng yuàn
띠엔 잉 위엔

문구점
文具店
wén jù diàn
원 쥐 디엔

제과점
面包店
miàn bāo diàn
미엔 빠오 띠엔

놀이공원
游乐场
yóu lè chǎng
요우 러 창

주유소
加油站
jiā yóu zhàn
찌아 요우 짠

성당
教堂
jiào táng
찌아오 탕

교회
教会
jiào huì
찌아오 후이

차관
茶馆
chá guǎn
차 꾸안

번화가
闹市区
nào shì qū
나오 쓰 취

미술관
美术馆
měi shù guǎn
메이 쑤 꾸안

학교
学校
xué xiào
쉐 시아오

이슬람사원
清真寺
qīng zhēn sì
칭 쩐 스

분수
喷泉
pēn quán
펀 취엔

공원
公园
gōng yuán
꽁 위엔

댐
堤坝
dī bà
띠 따

정원
庭院
tíng yuàn
팅 위엔

사우나
桑拿
sāng ná
상 나

식물원
植物园
zhí wù yuán
쯔 우 위엔

동물원
动物园
dòng wù yuán
똥 우 위엔

광장
广场
guǎng chǎng
꾸앙 창

다리
桥
qiáo
치아오

박물관
博物馆
bó wù guǎn
뽀 우 꾸안

기념관
纪念馆
jì niàn guǎn
지 니엔 꾸안

약국
药店
yào diàn
야오 디엔

소방서
消防队
xiāo fáng duì
시아오 팡 두이

도서관
图书馆
tú shū guǎn
투 쑤 꾸안

미용실
美发店
měi fà diàn
메이 파 디엔

관광안내소
旅游咨询处
lǚ yóu zī xún chù
뤼 요우 즈 쉰 추

세탁소
洗衣房
xǐ yī fáng
시 이 팡

PC방
网吧
wǎng bā
왕 빠

목욕탕
澡堂
zǎo táng
자오 탕

발마사지집
洗脚房
xǐ jiǎo fáng
시 지아오 팡

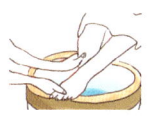

안마방
按摩房
àn mó fáng
안 모 팡

미용원(중국에서 미용원은 주로 피부 마사지 시술등을 하는 곳이다.)
美容院
měi róng yuàn
메이 롱 위엔

관련대화

A : 중국에도 한국식 사우나가 있나요?
在中国也有韩式汗蒸吗?
zài zhōng guó yě yǒu hán shì hàn zhēng ma
자이 쫑 꾸오 예 요우 한 쓰 한 쩡 마

B : 그럼요, 중국의 한국식 사우나는 규모가 엄청 커요.
当然,在中国的韩式汗蒸规模很大。
dāng rán zài zhōng guó de hán shì hàn zhēng guī mó hěn dà
당 란 자이 쫑 꾸오 더 한 쓰 한 쩡 꾸이 모 헌 다

Chapter 11 스포츠, 여가

Unit 01 운동

볼링
保龄球
bǎo líng qiú
빠오 링 치우

암벽등반
攀岩
pān yán
판 엔

활강
滑降
huá jiàng
후아 지앙

수상그네
水上秋千
shuǐ shàng qiū qiān
쑤이 쌍 치우 치엔

패러글라이딩
滑翔跳伞
huá xiáng tiào sǎn
후아 씨앙 티아오 산

번지점프
蹦极
bèng jí
뻥 지

낚시
钓鱼
diào yú
띠아오 위

인공암벽
人工攀岩
rén gōng pān yán
런 꽁 판 엔

바둑
围棋
wéi qí
웨이 치

카레이싱
赛车
sài chē
사이 처

윈드서핑
冲浪
chōng làng
총 랑

골프
高尔夫
gāo ěr fū
까오 얼 푸

테니스
网球
wǎng qiú
왕 치우

스키
滑雪
huá xuě
후아 쉬에

태극권
太极拳
tài jí quán
타이 지 취엔

소림무술
少林武术
shào lín wǔ shù
싸오 린 우 쑤

승마
乘马
chéng mǎ
청 마

축구
足球
zú qiú
주 치우

배구
排球
pái qiú
파이 치우

야구
棒球
bàng qiú
빵 치우

농구
篮球
lán qiú
란 치우

탁구
乓乓球
pīng pāng qiú
핑 팡 치우

검술
剑术
jiàn shù
지엔 쑤

수영
游泳
yóu yǒng
요우 용

경마
赛马
sài mǎ
사이 마

권투
拳击
quán jī
취엔 지

태권도
跆拳道
tái quán dào
타이 취엔 따오

검도
剑道
jiàn dào
지엔 따오

무에타이
泰拳
tài quán
타이 취엔

격투기
格斗
gé dòu
꺼 또우

씨름
韩式摔跤
hán shì shuāi jiāo
한 쓰 쑤아이 지아오

당구
台球
tái qiú
타이 치우

배드민턴
羽毛球
yǔ máo qiú
위 마오 치우

럭비
橄榄球
gǎn lǎn qiú
깐 란 치우

스쿼시
壁球
bì qiú
삐 치우

아이스하키
冰球
bīng qiú
삥 치우

핸드볼
手球
shǒu qiú
쏘우 치우

등산
登山
dēng shān
떵 싼

인라인
直排轮滑
zhí pái lún huá
쯔 파이 룬 후아

보트
划艇
huá tǐng
후아 팅

사이클
自行车
zì xíng chē
즈 싱 처

요가
瑜珈
yú jiā
위 지아

스카이다이빙
跳伞
tiào sǎn
티아오 산

행글라이더
悬挂式滑翔
xuán guà shì huá xiáng
쉬엔 꾸아 쓰 후아 시앙

피겨스케이트
花样滑冰
huā yàng huá bīng
후아 양 후아 삥

롤러스케이트
旱冰
hàn bīng
한 삥

양궁
射箭
shè jiàn
써 지엔

스노클링
浮潜
fú qián
푸 치엔

스쿠버다이빙
戴水肺潜水
dài shuǐ fèi qián shuǐ
다이 쑤이 페이 치엔 쑤이

해머던지기
链球
liàn qiú
리엔 치우

멀리뛰기
跳远
tiào yuǎn
티아오 위엔

창던지기
掷标枪
zhì biāo qiāng
쯔 삐아오 치앙

마라톤
马拉松
mǎ lā sōng
마 라 송

펜싱
击剑
jī jiàn
지 지엔

쿵푸
功夫
gōng fu
꽁 푸

합기도
合气道
hé qì dào
허 치 다오

공수도
空手道
kōng shǒu dào
콩 쏘우 다오

레슬링
摔跤
shuāi jiāo
수아이 지아오

스모
相扑
xiāng pū
시앙 푸

줄넘기
跳绳
tiào shéng
티아오 썽

뜀틀
跳马
tiào mǎ
티아오 마

에어로빅
健美操
jiàn měi cāo
지엔 메이 차오

아령
哑铃
yǎ líng
야 링

역도
举重
jǔ zhòng
쥐 쫑

Chapter 11 스포츠, 여가

관련대화

A : 무슨 운동을 좋아하세요?
请问您喜欢什么运动?
qǐng wèn nín xǐ huan shén me yùn dòng
칭 원 닌 시 후안 썬 머 운 동

B : 저는 볼링을 좋아해요.
我喜欢保龄球。
wǒ xǐ huan bǎo líng qiú
워 시 후안 빠오 링 치우

A : 배우고 싶은 운동은 있나요?
您想学什么运动?
nín xiǎng xué shén me yùn dòng
닌 시앙 쉬에 썬 머 운 동

B : 암벽등반을 하고 싶어요.
我想学攀岩。
wǒ xiǎng xué pān yán
워 시앙 쉬에 판 엔

관련단어

야구공	棒球	bàng qiú	빵 치우
야구방망이	棒球棍	bàng qiú gùn	빵 치우 꾼
축구공	足球	zú qiú	주 치우
축구화	足球鞋	zú qiú xié	주 치우 시에

글러브	棒球手套	bàng qiú shǒu tào	빵 치우 쏘우 타오
헬멧	头盔	tóu kuī	토우 쿠이
테니스공	网球	wǎng qiú	왕 치우
라켓	网球拍	wǎng qiú pāi	왕 치우 파이
수영복	泳衣	yǒng yī	용 이
튜브	游泳圈	yóu yǒng quān	요우 용 추안
수영모	泳帽	yǒng mào	용 마오
러닝머신	跑步机	pǎo bù jī	파오 뿌 지
코치	教练	jiào liàn	지아오 리엔
유산소운동	有氧运动	yǒu yǎng yùn dòng	요우 양 운 동
무산소운동	无氧运动	wú yǎng yùn dòng	우 양 운 동
근육운동	肌肉运动	jī ròu yùn dòng	지 로우 운 동
호흡운동 (숨쉬기운동)	呼吸运动	hū xī yùn dòng	후 시 운 동
수경	泳镜	yǒng jìng	용 징
맨손체조	徒手体操	tú shǒu tǐ cāo	투 쏘우 티 차오

Chapter 11

스포츠, 여가

Unit 02 오락, 취미

영화 감상
电影欣赏
diàn yǐng xīn shǎng
띠엔 잉 신 쌍

음악 감상
音乐欣赏
yīn yuè xīn shǎng
인 위에 신 쌍

여행
旅游
lǚ yóu
뤼 요우

독서
读书
dú shū
뚜 쑤

춤추기
跳舞
tiào wǔ
티아오 우

노래 부르기
唱歌
chàng gē
창 꺼

운동
运动
yùn dòng
윈 똥

등산
登山
dēng shān
떵 싼

수중잠수
潜水
qián shuǐ
치엔 쑤이

악기 연주
演奏乐器
yǎn zòu yuè qì
옌 쪼우 위에 치

요리
烹饪
pēng rèn
펑 런

사진 찍기
摄影
shè yǐng
써 잉

정원 가꾸기
园艺
yuán yì
위엔 이

우표 수집
集邮
jí yóu
지 요우

낚시
钓鱼
diào yú
띠아오 위

십자수
十字绣
shí zì xiù
쓰 즈 시우

TV 보기
看电视
kàn diàn shì
칸 띠엔 쓰

드라이브
驾车出游
jià chē chū yóu
지아 처 추 요우

빈둥거리기
混时间
hùn shí jiān
훈 쓰 지엔

인터넷
互联网
hù lián wǎng
후 리엔 왕

게임
游戏
yóu xì
요우 시

아이쇼핑하기
逛街
guàng jiē
꾸앙 지에

캠핑 가기
去野营
qù yě yíng
취 예 잉

마작
麻将
má jiàng
마 지앙

장기
象棋
xiàng qí
시앙 치

도예
陶艺
táo yi
타오 이

뜨개질
(针)织
(zhēn) zhī
(쩐) 쯔

맛집 탐방
探访美食
tàn fǎng měi shí
탄 팡 메이 쓰

일하기
工作
gōng zuò
꽁 주오

관련대화

A : 취미가 뭐예요?
你的爱好是什么?
nǐ de ài hào shì shén me
니 더 아이 하오 쓰 썬 머

B : 저는 영화 보는 걸 좋아해요.
我喜欢看电影。
wǒ xǐ huan kàn diàn yǐng
워 시 후안 칸 디엔 잉

A : 주말에는 뭐하세요?
你周末做什么?
nǐ zhōu mò zuò shén me
니 쭈오 모 주오 썬 머

B : 주말에는 독서해요.
我周末看书。
wǒ zhōu mò kàn shū
워 쭈오 모 칸 쑤

Unit 03 악기

기타
吉他
jí tā
지 타

피아노
钢琴
gāng qín
깡 친

색소폰
萨克斯管
sà kè sī guǎn
사 커 시 꾸안

플루트
长笛
cháng dí
창 띠

하모니카
口琴
kǒu qín
코우 친

클라리넷
单簧管
dān huáng guǎn
딴 후앙 꾸안

트럼펫
小号
xiǎo hào
시아오 하오

하프
竖琴
shù qín
쑤 친

첼로
大提琴
dà tí qín
따 티 친

아코디언
手风琴
shǒu fēng qín
쏘우 펑 친

드럼
架子鼓
jià zi gǔ
지아 즈 꾸

실로폰
木琴
mù qín
무 친

거문고
玄琴
xuán qín
쉬엔 친

가야금
伽倻琴
jiā yē qín
지아 예 친

대금
大笒
dà cén
다 천

장구
长鼓
cháng gǔ
챵 꾸

징
锣
luó
루오

해금
奚琴
xī qín
시 친

단소
短箫
duǎn xiāo
뚜안 시아오

피리
笛子
dí zi
디 즈

오카리나
陶笛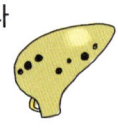
táo dí
타오 디

바이올린
小提琴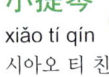
xiǎo tí qín
시아오 티 친

비올라
中提琴
zhōng tí qín
쫑 티 친

관련대화

A : 어떤 악기를 다룰 줄 아세요?
你会演奏哪种乐器？
nǐ huì yǎn zòu nǎ zhǒng yuè qì
니 후이 엔 조우 나 쭁 위에 치

B : 저는 피아노를 다룰 수 있어요.
我会弹钢琴。
wǒ huì tán gāng qín
워 후이 탄 깡 친

Unit 04 여가

휴양하다
休养
xiū yǎng
시우 양

관광하다
观光
guān guāng
꾸안 꾸앙

기분전환하다
散心
sàn xīn
산 신

건강관리하다
健康管理
jiàn kāng guǎn lǐ
지엔 캉 꾸안 리

탐험하다
探险
tàn xiǎn
탄 시엔

참관하다
参观
cān guān
찬 꾸안

관련대화

A : 기분이 안 좋을때 어떻게 기분전환하시나요?
  你心情不好的时候，怎么转换心情？
  nǐ xīn qíng bù hǎo de shí hou, zěn me zhuǎn huàn xīn qíng
  니 신 칭 뿌 하오 더 쓰 호우, 전 머 쭈안 후안 신 칭

B : 저는 여행을 가면 기분전환이 돼요.
  我去旅游的话心情就变好了。
  wǒ qù lǚ yóu de huà xīn qíng jiù biàn hǎo le
  워 취 뤼 요우 더 후아 신 칭 지우 삐엔 하오 러

Unit 05 영화

영화관
电影院
diàn yǐng yuàn
디엔 잉 위엔

매표소
售票厅
shòu piào tīng
쏘우 피아오 팅

히트작
成功之作
chéng gōng zhī zuò
청 꿍 쯔 주오

매점
小卖部
xiǎo mài bù
시아오 마이 뿌

공포영화
恐怖电影
kǒng bù diàn yǐng
콩 뿌 디엔 잉

코미디영화
喜剧电影
xǐ jù diàn yǐng
시 쥐 디엔 잉

액션영화
动作电影
dòng zuò diàn yǐng
똥 주오 디엔 잉

어드벤처영화
惊险电影
jīng xiǎn diàn yǐng
징 시엔 디엔 잉

스릴러영화
惊悚电影
jīng sǒng diàn yǐng
징 송 디엔 잉

주연배우
主演
zhǔ yǎn
쭈 엔

조연배우
配角
pèi jué
페이 쥐에

남자주인공
男主角
nán zhǔ jué
난 쭈 쥐에

여자주인공
女主角
nǚ zhǔ jué
뉘 쭈 쥐에

영화사
电影公司
diàn yǐng gōng sī
디엔 잉 꽁 스

감독
导演
dǎo yǎn
다오 옌

관련대화

A : 스릴러 영화 좋아하세요?

你喜欢惊悚电影吗?
nǐ xǐ huan jīng sǒng diàn yǐng ma
니 시 후안 징 송 디엔 잉 마

B : 아니요. 저는 무서운 건 싫어요. 저는 로맨틱영화를 좋아합니다.

不是, 我不喜欢恐怖的. 我喜欢浪漫的电影。
bú shì, wǒ bù xǐ huan kǒng bù de. wǒ xǐ huan làng màn de diàn yǐng
뿌 쓰, 워 뿌 시 후안 콩 뿌 더. 워 시 후안 랑 만 더 디엔 잉

관련단어

뮤지컬영화	歌剧电影	gē jù diàn yǐng	꺼 쥐 디엔 잉
다큐멘터리영화	纪录电影	jì lù diàn yǐng	지 루 디엔 잉
로맨틱영화	浪漫电影	làng màn diàn yǐng	랑 만 디엔 잉

Part 2
여행 단어

Chapter 01. 공항에서
Chapter 02. 입국심사
Chapter 03. 숙소
Chapter 04. 교통
Chapter 05. 관광

Chapter 01 공항에서

Unit 01 공항

국내선
国内线
guó nèi xiàn
꾸오 네이 시엔

국제선
国际线
guó jì xiàn
꾸오 지 시엔

탑승창구
登机口
dēng jī kǒu
덩 지 코우

항공사
航空公司
háng kōng gōng sī
항 콩 꽁 스

탑승수속
登机手续
dēng jī shǒu xù
덩 지 소우 쉬

항공권
机票
jī piào
지 피아오

여권
护照
hù zhào
후 짜오

탑승권
登机牌
dēng jī pái
덩 지 파이

금속탐지기
金属探测器
jīn shǔ tàn cè qì
진 쑤 탄 처 치

창가좌석
靠窗的座位
kào chuāng de zuò wèi
카오 추앙 더 주오 웨이

통로좌석
通道的座位
tōng dào de zuò wèi
통 다오 더 주오 웨이

탁송화물
托运行李
tuō yùn xíng li
투오 윈 싱 리

수화물표
行李票
xíng li piào
싱 리 피아오

추가 수화물 운임
增加行李运费
zēng jiā xíng li yùn fèi
정 지아 싱 리 윈 페이
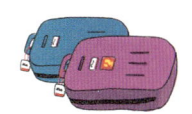

세관
海关
hǎi guān
하이 꾸안

신고하다
申告
shēn gào
썬 까오

출국신고서
出境卡
chū jìng kǎ
추 징 카

면세점
免税店
miǎn shuì diàn
미엔 쑤이 디엔

입국심사
入境审查
rù jìng shěn chá
루 징 썬 차

휴대품신고서
携带物品申报单
xié dài wù pǐn shēn bào dān
시에 다이 우 핀 썬 빠오 단

비자
签证
qiān zhèng
치엔 쩡

세관원
海关人员
hǎi guān rén yuán
하이 꾸안 런 위엔

관련대화

A : 여권과 신고서를 보여주세요. 신고할 물건이 있나요?
请给我看一下护照和申报单。请问您有要申报的物品吗?
qǐng gěi wǒ kàn yí xià hù zhào hé shēn bào dān. qǐng wèn nín yǒu yào shēn bào de wù pǐn ma
칭 께이 워 칸 이 시아 후 짜오 허 썬 빠오 단. 칭 원 닌 요우 야오 썬 빠오 더 우 핀 마

B : 신고할 물건이 없습니다.
我没有物品需要申报。
wǒ méi yǒu wù pǐn xū yào shēn bào
워 메이 요우 우 핀 쉬 야오 썬 빠오

A : 가방을 열어주시겠어요.
请把您的行李打开一下。
qǐng bǎ nín de xíng li dǎ kāi yí xià
칭 빠 닌 더 싱 리 다 카이 이 시아

B : 이것은 개인 소지품입니다.
这是私人物品。
zhè shì sī rén wù pǐn
쩌 쓰 스 런 우 핀

관련단어

목적지	目的地	mù dì dì	무 디 디
도착지	到达城市	dào dá chéng shì	다오 다 청 쓰
방문목적	访问目的	fǎng wèn mù dì	팡 원 무 디
체류기간	滞留时间	zhì liú shí jiān	쯔 리우 쓰 지엔
입국허가	入境许可	rù jìng xǔ kě	루 징 쉬 커
검역소	检疫站	jiǎn yì zhàn	지앙 이 짠
수하물 찾는 곳	取行李处	qǔ xíng li chǔ	취 싱 리 추
리무진 버스	机场巴士	jī chǎng bā shì	지 창 빠 쓰

Unit 02 기내 탑승

① 창문
窗户
chuāng hu
추앙 후

② 스튜어디스
空姐
kōng jiě
콩 지에

③ 객석 위쪽의 짐칸
舱顶行李箱
cāng dǐng xíng lǐ xiāng
창 딩 싱 리 시앙

④ 에어컨
空调
kōng tiáo
콩 티아오

⑤ 조명
阅读灯
yuè dú dēng
위에 두 덩

⑥ 모니터
显示器
xiǎn shì qì
시엔 쓰 치

⑦ 좌석(자리)
座位
zuò wèi
주오 웨이

⑧ 구명조끼
救生衣
jiù shēng yī
지우 썽 이

⑨ 호출버튼
呼叫按钮
hū jiào àn niǔ
후 지아오 안 니우

⑩ 짐
行李
xíng li
싱 리

⑪ 안전벨트
安全带
ān quán dài
안 취엔 다이

⑫ 통로
通道
tōng dào
통 따오

⑬ 비상구
紧急出口
jǐn jí chū kǒu
진 지 추 코우

⑭ 화장실
厕所
cè suǒ
처 수오

⑮ 이어폰
耳机
ěr jī
얼 지

① 조종실　② 기장　③ 부기장　④ 활주로

驾驶舱　机长　副机长　机场跑道

jià shǐ cāng　jī zhǎng　fù jī zhǎng　jī chǎng pǎo dào

지아 쓰 창　지 짱　푸 지 짱　지 창 파오 다오

관련대화

A : 자리를 좀 찾아주시겠어요?

请帮我找一下座位好吗?

qǐng bāng wǒ zhǎo yí xià zuò wèi hǎo ma

칭 빵 워 짜오 이 시아 주오 웨이 하오 마

B : 오른쪽 5번째 창가 좌석이십니다.

是第5排靠窗的位置。

shì dì wǔ pái kào chuāng hu de wèi zhi

쓰 디 우 파이 카오 추앙 후 더 웨이 쯔

A : 감사합니다.
谢谢您。
xiè xie nín
시에 시에 닌

B : 별 말씀을요.
不用谢。
bú yòng xiè
뿌 용 시에

관련단어

도착 예정 시간	预计到达时间	yù jì dào dá shí jiān	위 지 다오 다 쓰 지엔
이륙하다	起飞	qǐ fēi	치 페이
착륙하다	着陆	zhuó lù	쭈오 루
무료 서비스	免费服务	miǎn fèi fú wù	미엔 페이 푸 우
사용 중	使用中	shǐ yòng zhōng	쓰 용 쫑
금연 구역	禁烟区	jìn yān qū	진 엔 취
시차 피로	时差疲劳	shí chā pí láo	쓰 차 피 라오
경유	经由	jīng yóu	징 요우
직항	直航	zhí hang	쯔 항
좌석 벨트를 매다	系上安全带	jì shàng ān quán dài	지 쌍 안 취엔 다이
연기/지연	延迟	yán chí	엔 츠

Unit 03 기내 서비스

신문
报纸
bào zhǐ
빠오 쯔

면세품 목록
免税商品目录
miǎn shuì shāng pǐn mù lù
미엔 쑤이 쌍 핀 무 루

잡지
杂志
zá zhì
자 쯔

담요
毛毯
máo tǎn
마오 탄

베개
枕头
zhěn tou
쩐 토우

입국카드
入境卡
rù jìng kǎ
루 징 카
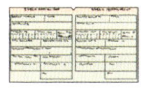

티슈
纸巾
zhǐ jīn
쯔 진

음료수
饮料
yǐn liào
인 리아오

기내식
机内餐
jī nèi cān
지 네이 찬

맥주
啤酒
pí jiǔ
피 지우

와인
红酒
hóng jiǔ
홍 지우

물
水
shuǐ
쑤이

커피
咖啡
kā fēi
카 페이

차
茶
chá
차

관련대화

A : 무엇으로 드시겠어요?
请问您想吃点什么?
qǐng wèn nín xiǎng chī diǎn shén me
칭 원 닌 시앙 츠 띠앤 머

B : 어떤 요리가 있나요?
请问有什么吃的?
qǐng wèn yǒu shén me chī de
칭 원 요우 썬 머 츠 더

A : 닭고기 요리와 소고기 요리가 있습니다.
有鸡肉饭和牛肉饭。
yǒu jī ròu fàn hé niú ròu fàn
요우 지 로우 판 허 니우 로우 판

B : 닭고기 요리로 주세요.
请给我鸡肉饭。
qǐng gěi wǒ jī ròu fàn
칭 게이 워 지 로우 판

관련단어

이륙	起飞	qǐ fēi	치 페이
착륙	着陆	zhuó lù	쭈오 루
홍차	红茶	hóng chá	홍 차
물티슈	湿巾	shī jīn	쓰 진
스튜어드	空哥	kōng gē	콩 커
샐러드	沙拉	shā lā	싸 라
알로에주스	芦荟汁	lú huì zhī	루 후이 쯔
탄산음료	炭酸饮料	tàn suān yǐn liào	탄 수안 인 리아오

믿을 수 있는 말은 아름답지 않고,
아름다운 말은 믿을 수 없다.
信言不美, 美言不信。
xìn yán bù měi, měi yán bú xìn
신 옌 뿌 메이, 메이 옌 뿌 씬

Chapter 02 입국심사

Unit 01 입국 목적

비즈니스
商务
shāng wù
쌍 우

여행, 관광
旅行, 观光
lǚ xíng, guān guāng
뤼 싱, 꾸안 꾸앙

공무
公务
gōng wù
꽁 우

취업
就业
jiù yè
지우 예

거주
居住
jū zhù
쥐 쭈

친척 방문
探亲
tàn qīn
탄 친

유학
留学
liú xué
리우 쉬에

귀국
回国
huí guó
후이 꾸오

기타
其它
qí tā
치 타

관련대화

A : 방문목적은 무엇입니까?
请问您的访问目的是什么?
qǐng wèn nín de fǎng wèn mù dì shì shén me
칭 원 닌 더 팡 원 무 디 쓰 썬 머

B : 사업차입니다.
是商务出差。
shì shāng wù chū chāi
쓰 쌍 우 추 차이

효자의 표준에는
부모를 존중하는 그 이상이 없다.
孝子之至,莫大乎尊亲。
xiào zǐ zhī zhì, mò dà hū zūn qīn
시아오 즈 쯔 쯔, 모어 따 후 준 친

Unit 02 거주지

호텔
酒店
jiǔ diàn
지우 디엔

친척집
亲戚的家里
qīn qi de jiā lǐ
친 치 더 지아 리

친구집
朋友的家里
péng you de jiā lǐ
펑 요우 더 지아 리

미정입니다
还没决定。
hái méi jué dìng
하이 메이 쥐에 딩

관련대화

A : 어디서 머무시나요?
您住在哪里?
nín zhù zài nǎ lǐ
닌 쭈 자이 나 리

B : 호텔에서 머물러요.
在酒店住。
zài jiǔ diàn zhù
자이 지우 디엔 쭈

Chapter 03 숙소

Unit 01 예약

예약
预订
yù dìng
위 딩

체크인
登记入住
dēng jì rù zhù
덩 지 루 쭈

체크아웃
退房
tuì fáng
투이 팡

싱글룸
单人间
dān rén jiān
단 런 지엔

더블룸
标准间
biāo zhǔn jiān
삐아오 쭌 지엔

트윈룸
双人间
shuāng rén jiān
쑤앙 런 지엔

스위트룸
豪华间
háo huá jiān
하오 후아 지엔

다인실
多人间
duō rén jiān
두오 런 지엔

일행
同行
tóng xíng
통 싱

흡연실
吸烟室
xī yān shì
시 엔 쓰

금연실
禁烟室
jìn yān shì
진 엔 쓰

방값
房价
fáng jià
팡 지아

예약번호
预约号码
yù yuē hào mǎ
위 위에 하오 마

방카드
房卡
fáng kǎ
팡 카

관련대화

A : 방을 예약하려고 하는데요.
我想要预定房间。
wǒ xiǎng yào yù dìng fáng jiān
워 시앙 야오 위 딩 팡 지엔

B : 어떤 방을 원하세요?
你想要什么样的房间?
nǐ xiǎng yào shén me yàng de fáng jiān
니 시앙 야오 썬 머 양 더 팡 지엔

A : 싱글룸을 원합니다.
想要单人间。
xiǎng yào dān rén jiān
시앙 야오 단 런 지엔

관련단어

예치금	押金	yā jīn	야 진
환불	退费	tuì fèi	투이 페이
봉사료	服务费	fú wù fèi	푸 우 페이

Unit 02 호텔

① 프런트
接待处
jiē dài chù
지에 다이 추

② 접수계원
接待处职员
jiē dài chù zhí yuán
지에 다이 추 쯔 위엔

③ 도어맨
迎宾先生
yíng bīn xiān sheng
잉 삔 시엔 썽

④ 벨보이
门童
mén tóng
먼 통

⑤ 사우나
桑拿浴
sāng ná yù
상 나 위

⑥ 회의실
会议室
huì yì shì
후이 이 쓰

⑦ 레스토랑
西式饭店
xī shì fàn diàn
시 쓰 판 디엔

⑧ 룸메이드
客房服务员
kè fáng fú wù yuán
커 팡 푸 우 위엔

⑨ 회계
会计人员
huì jì rén yuán
후이 지 런 위엔

관련대화

A : 호텔의 사우나는 어디 있나요?
  酒店的桑拿在哪里？
  jiǔ diàn de sāng ná zài nǎ lǐ
  지우 디엔 더 상 나 자이 나 리

B : 직진해서 가면 바로 있어요.
  一直走就到。
  yì zhí zǒu jiù dào
  이 쯔 조우 지우 다오

A : 사우나는 공짜인가요?
  桑拿是免费吗?
  sāng ná shì miǎn fèi ma
  상 나 쓰 미엔 페이 마

B : 네, 그렇습니다.
  是的。
  shì de
  쓰 더

Unit 03 숙소 종류

호텔(주점/반점)
宾馆(酒店/饭店)
bīn guǎn (jiǔ diàn / fàn diàn)
삔 꾸안(지우 디엔 / 판 디엔)

캠핑
野营
yě yíng
예 잉

게스트하우스
小型家庭旅馆
xiǎo xíng jiā tíng lǚ guǎn
시아오 싱 지아 팅 뤼 꾸안

유스호스텔.YHA
国际青年旅社
guó jì qīng nián lǚ shè
꾸오 지 칭 니엔 뤼 써

조선족 민박
朝鲜族民宿
cháo xiǎn zú mín sù
차오 시엔 주 민 수

경제
经济
jīng jì
징 지

여관, 여사
旅馆, 旅社
lǚ guǎn, lǚ shè
뤼 꾸안, 뤼 써

대학 기숙사
大学宿舍
dà xué sù shè
다 쉬에 수 써

관련대화

A : 호텔을 예약하려고요.
　我想要预定宾馆。
　wǒ xiǎng yào yù dìng bīn guǎn
　워 시앙 야오 위 딩 삔 꾸안

B : 며칠이나 머무르실 거예요?

要待几天?
yào dāi jǐ tiān
야오 다이 지 티엔

A : 5월 1일 체크인해서 5월 4일 체크아웃할 거예요.

我预约5月1日入住5月4日退房。
wǒ yù yuē wǔ yuè yī rì rù zhù wǔ yuè sì rì tuì fang
워 위 위에 우 위에 이 르 루 쭈 우 위에 스 르 투이 팡

B : 어떤 방을 원하세요?

你想要什么房间?
nǐ xiǎng yào shén me fáng jiān
니 시앙 야오 썬 머 팡 지엔

A : 싱글룸을 원합니다.

想要单人间。
xiǎng yào dān rén jiān
시앙 야오 단 런 지엔

Unit 04 룸서비스

모닝콜
叫醒
jiào xǐng
지아오 싱

세탁
洗衣服
xǐ yī fú
시 이 푸

다림질
熨衣服
yùn yī fu
윈 이 푸

드라이클리닝
干洗
gān xǐ
깐 시

방청소
清扫房间
qīng sǎo fáng jiān
칭 사오 팡 지엔

식당 예약
预订饭店
yù dìng fàn diàn
위 딩 판 디엔

안마
按摩
àn mó
안 모어

식사
用餐
yòng cān
용 찬

미니바
迷你吧
mí nǐ ba
미 니 빠

팁
小费
xiǎo fèi
시아오 페이

관련대화

A : 룸서비스를 부탁드립니다.
请帮我叫客房服务。
qǐng bāng wǒ jiào kè fáng fú wù
칭 빵 워 지아오 커 팡 푸 우

B : 네, 알겠습니다. 성함과 방번호가 어떻게 되세요?
好的。请问你的姓名和房间号？
hǎo de. qǐng wèn nǐ de xìng míng hé fáng jiān hào
하오 더. 칭 원 니 더 싱 밍 허 팡 지엔 하오

A : 저는 밍밍이고요, 방번호는 22호입니다.
我叫明明，22房的。
wǒ jiào míng ming, èr shí èr fang de
워 지아오 밍 밍, 얼 쓰 얼 팡 더

Chapter 04 교통

Unit 01 교통수단

비행기
飞机
fēi jī
페이 지

헬리콥터
直升机
zhí shēng jī
쯔 썽 지

케이블카
缆车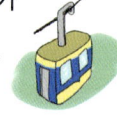
lǎn chē
란 처

여객선
客船
kè chuán
커 촨

요트
小帆船
xiǎo fān chuán
시아오 판 촨

잠수함
潜水艇
qián shuǐ tǐng
치엔 쑤이 팅

자동차
汽车
qì chē
치 처

버스
公共汽车
gōng gòng qì chē
꽁 꽁 치 처

기차
火车
huǒ chē
후오 처

지하철
地铁
dì tiě
띠 티에

자전거
自行车
zì xíng chē
즈 싱 처

트럭
卡车
kǎ chē
카 처

크레인
吊车
diào chē
디아오 처

모노레일
单轨列车
dān guǐ liè chē
단 꾸이 리에 처

소방차
消防车
xiāo fáng chē
시아오 팡 처

구급차
救护车
jiù hù chē
지우 후 처

이층버스
双层巴士
shuāng céng bā shì
쑤앙 청 빠 쓰

견인차
牵引车
qiān yǐn chē
치엔 인 처

관광버스
观光巴士
guān guāng bā shì
꾸안 꾸앙 빠 쓰

레미콘
混凝土搅拌车
hùn níng tǔ jiǎo bàn chē
훈 닝 투 지아오 빤 처

순찰차
巡逻车
xún luó chē
쉰 루오 처

오토바이
摩托车
mó tuō chē
모 투어 처

증기선
渡轮
dù lún
두 룬

지게차
叉车
chā chē
차 처

열기구
热气球
rè qì qiú
러 치 치우

스포츠카
跑车
pǎo chē
파오 처

벤
保姆车
bǎo mǔ chē
빠오 무 처

관련대화

A : 모노레일 타본 적 있어요?
你坐过单轨列车吗?
nǐ zuò guò dān guǐ liè chē ma
니 주오 꾸오 단 꾸이 리에 처 마

B : 네, 한 번 타본 적이 있어요.
嗯, 坐过一次。
ēn, zuò guò yí cì
언, 주오 꾸오 이 츠

혀는 엄격함의 근본이며, 말은 화복의 문이다.
(말 한마디로 천냥 빚도 갚는다)
舌为利害本, 口是祸福门。
shé wéi lì hài běn, kǒu shì huò fú mén
써 웨이 리 하이 번, 코우 쓰 후오 푸 먼

Unit 02 자동차 명칭 / 자전거 명칭

① 엑셀(가속페달)
油门
yóu mén
요우 먼

② 브레이크
刹车
shā chē
싸 처

③ 백미러
后视镜
hòu shì jìng
호우 쓰 징

④ 핸들
方向盘
fāng xiàng pán
팡 시앙 판

⑤ 클랙슨
汽车喇叭
qì chē lǎ bā
치 처 라 빠

⑥ 번호판
车牌
chē pái
처 파이

⑦ 변속기
变速器
biàn sù qì
삐엔 수 치

⑧ 트렁크
后备箱
hòu bèi xiāng
호우 뻬이 시앙

⑨ 클러치
离合器
lí hé qì
리 허 치

① 안장
车座
chē zuò
처 주오

② 앞바퀴
前轮
qián lún
치엔 룬

③ 뒷바퀴
后轮
hòu lún
호우 룬

④ 체인
链条
liàn tiáo
리엔 티아오

⑤ 페달
脚踏板
jiǎo tà bǎn
지아오 타 빤

관련대화

A : 트렁크를 좀 열어주세요.
请把后备箱打开。
qǐng bǎ hòu bèi xiāng dǎ kāi
칭 빠 호우 뻬이 시앙 다 카이

B : 네, 열었습니다.
好的，打开了。
hǎo de, dǎ kāi le
하오 더, 다 카이 러

관련단어

안전벨트	安全带	ān quán dài	안 취엔 다이
에어백	气囊	qì náng	치 니앙
배터리	电池	diàn chí	디엔 츠
엔진	引擎	yǐn qíng	인 칭
LPG	液化石油气	yè huà shí yóu qì	예 후아 스 요우 치
윤활유	润滑油	rùn huá yóu	룬 후아 요우
경유	柴油	chái yóu	차이 요우
휘발유	汽油	qì yóu	치 요우
세차	洗车	xǐ chē	시 처

Unit 03 교통 표지판

양보
减速让行
jiǎn sù ràng xíng
지엔 수 랑 싱

일시정지
临时停车
lín shí tíng chē
린 쓰 팅 처

추월금지
禁止超车
jìn zhǐ chāo chē
진 쯔 차오 처

제한속도
限制速度
xiàn zhì sù dù
시엔 쯔 수 뚜

일방통행
单行道
dān xíng dào
딴 싱 따오

주차금지
禁止停车
jìn zhǐ tíng chē
진 쯔 팅 처

우측통행
右侧通行
yòu cè tōng xíng
요우 처 통 싱

진입금지
禁止进入
jìn zhǐ jìn rù
진 쯔 진 루

유턴금지
禁止掉头
jìn zhǐ diào tóu
진 쯔 디아오 토우

낙석도로
落石道路
luò shí dào lù
루오 스 따오 루

어린이 보호구역
儿童保护区域
ér tong bǎo hù qū yù
얼 통 빠오 후 취 위

관련대화

A : 여기는 어린이 보호구역이네요.
   这里是儿童保护区域。
   zhè li shì ér tóng bǎo hù qū yù
   쩌 리 쓰 얼 통 빠오 후 취 위

B : 네, 그래서 주행속도를 낮춰야 해요.
   是的，所以要减速行驶。
   shì de, suǒ yǐ yào jiǎn sù xíng shǐ
   쓰 더, 수오 이 야오 지엔 수 싱 쓰

일찍 일어나는 새가 벌레를 잡는다.
早起的鸟儿有虫吃。
zǎo qǐ de niǎor yǒu chóng chī
자오 치 더 니아올 요우 총 츠

Unit 04 방향

좌회전
左转
zuǒ zhuǎn
주오 쭈안

우회전
右转
yòu zhuǎn
요우 쭈안

직진
直走
zhí zǒu
쯔 조우

백(back)
后退
hòu tuì
호우 투이

유턴
掉头
diào tóu
디아오 토우

동서남북
东 西 南 北
dōng xī nán běi
똥 시 난 뻬이

관련대화

A : 도서관은 어떻게 가나요?
图书馆怎么走啊?
tú shū guǎn zěn me zǒu a
투 쑤 꾸안 전 머 조우 아

B : 여기에서 직진하세요.
从这里直走。
cóng zhè lǐ zhí zǒu
총 쩌 리 쯔 조우

관련단어

한국어	중국어	병음	발음
후진하다	倒车	dǎo chē	따오 처
고장 나다	故障	gù zhàng	꾸 짱
(타이어가) 펑크 나다	爆胎。	bào tāi	빠오 타이
견인하다	牵引	qiān yǐn	치엔 인
갈아타다	换乘	huàn chéng	후안 청
차가 막히다	塞车	sāi chē	사이 처
주차위반 딱지	停车罚款通知单	tíng chē fá kuǎn tōng zhī dān	팅 처 파 쿠안 통 쯔 단
지하철노선도	地铁路线图	dì tiě lù xiàn tú	디 티에 루 시엔 투
대합실	候车室	hòu chē shì	호우 처 쓰
운전기사	司机	sī jī	스 지
운전면허증	驾驶执照	jià shǐ zhí zhào	지아 쓰 쯔 짜오
중고차	二手车	èr shǒu chē	얼 쏘우 처

Unit 05 거리 풍경

신호등
红绿灯
hóng lǜ dēng
홍 뤼 떵

횡단보도
人行横道
rén xíng héng dào
런 싱 헝 따오

주유소
加油站
jiā yóu zhàn
지아 요우 짠

인도
人行道
rén xíng dào
런 싱 따오

차도
车道
chē dào
처 다오

고속도로
高速公路
gāo sù gōng lù
까오 수 꽁 루

교차로
交叉路口
jiāo chā lù kǒu
지아오 차 루 코우

지하도
地下通道
dì xià tōng dào
디 시아 통 다오

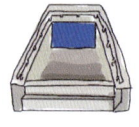

버스정류장
公交车站
gōng jiāo chē zhàn
꽁 지아오 처 짠

방향표지판
方向指示牌
fāng xiàng zhǐ shì pái
팡 시앙 쯔 쓰 파이

육교
天桥
tiān qiáo
티엔 치아오

공중전화
公用电话
gōng yòng diàn huà
꽁 용 띠엔 후아

Chapter 05 관광

Unit 01 중국 대표 관광지

자금성
紫禁城
zǐ jīn chéng
즈 진 청

천단공원
天坛公园
tiān tán gōng yuán
티엔 탄 꽁 위엔

이화원
颐和园
yí hé yuán
이 허 위엔

용경협
龙庆峡
lóng qìng xiá
롱 칭 시아

홍교시장
虹桥市场
hóng qiáo shì chǎng
홍 치아오 쓰 창

팔달령 만리장성
八达岭长城
bā dá lǐng cháng chéng
다 빠 링 창 청

용화궁
雍和宫
yōng hé gōng
용 허 꽁

천안문
天安门
tiān ān mén
티엔 안 먼

피서산장
避暑山庄
bì shǔ shān zhuāng
삐 쑤 싼 쭈앙

태산
泰山
tài shān
타이 싼

대묘
大庙
dà miào
다 미아오

졸정원
拙政园
zhuō zhèng yuán
쭈오 쩡 위엔

대동운강석굴
大同云冈石窟
dà tóng yún gāng shí kū
다 퉁 윈 깡 쓰 쿠

우타이산
五台山
wǔ tái shān
우 타이 싼

예원
豫园
yù yuán
위 위엔

동방명주

东方明珠
dōng fāng míng zhū
둥 팡 밍 쭈

황산
黄山
huáng shān
후앙 싼

청도 팔대관
青岛八大关
qīng dǎo bā dà guān
칭 다오 빠 다 구안

핑야오 고성
平遥古城
píng yáo gǔ chéng
핑 야오 구 청

면산
绵山
mián shān
미엔 싼

선양고궁
沈阳故宫
shěn yáng gù gōng
썬 양 꾸 꽁

황푸강
黄浦江
huáng pǔ jiāng
후앙 푸 지앙

서호
西湖
xī hú
시 후

두장옌
都江堰
dū jiāng yàn
두 지앙 옌

낙산대불
乐山大佛
lè shān dà fó
러 싼 다 포

황룡
黄龙
huáng lóng
후앙 롱

청성산
青城山
qīng chéng shān
칭 청 싼

루쉰고가
鲁迅故居
lǔ xùn gù jū
뤼 쉰 꾸 쥐

웬모투린
元谋土林
yuán móu tǔ lín
위엔 모우 투 린

리장고성
丽江古城
lì jiāng gǔ chéng
리 지앙 꾸 청

다리고성
大理古城
dà lǐ gǔ chéng
다 리 꾸 청

차마고도
茶马古道
chá mǎ gǔ dào
차 마 꾸 다오

장가계
张家界
zhāng jiā jiè
짱 지아 지에

포탈라궁
布达拉宫
bù dá lā gōng
뿌 따 라 꽁

병마용
兵马俑
bīng mǎ yǒng
삥 마 용

소림사
少林寺
shào lín sì
싸오 린 스

용문석굴
龙门石窟
lóng mén shí kū
롱 먼 쓰 쿠

양강사호
两江四湖
liǎng jiāng sì hú
리앙 지앙 스 후

이강
漓江
lí jiāng
리 지앙

관음동굴
观音洞
guān yīn dòng
꾸안 인 동

구채구
九寨沟
jiǔ zhài gōu
지우 짜이 꼬우

관련대화

A : 여기서 제일 가볼 만한 곳은 어디인가요?
这里最值得去的地方是哪里?
zhè li zuì zhí dé qù de dì fang shì nǎ lǐ
쩌 리 주이 쯔 더 취 더 디 팡 쓰 나 리

B : 항주의 서호에 한번 가보세요. 아름다운 도시예요.
你一定要去看杭州西湖, 杭州很漂亮。
nǐ yí ding yào qù kàn háng zhōu xī hú, háng zhōu hěn piào liang
니 이 딩 야오 취 칸 항 쪼우 시 후, 항 쪼우 헌 피아오 리앙

A : 네, 제가 항주에 꼭 가볼게요.
好, 我一定要去杭州。
hǎo, wǒ yí dìng yào qù hang zhōu
하오, 워 이 딩 야오 취 항 쪼우

Unit 02 중국 볼거리(예술 및 공연)

꼭두각시놀이
木偶剧
mù ǒu jù
모우 오우 쥐

그림자연극
皮影戏
pí yǐng xì
피 잉 시

변검
变脸
biàn liǎn
삐엔 리엔

서커스
杂技
zá jì
자 지

가극
歌剧
gē jù
꺼 쥐

경극
京剧
jīng jù
징 쥐

상성
相声
xiàng sheng
시앙 썽

소림무술공연
少林武术表演
shǎo lín wǔ shù biǎo yǎn
싸오 린 우 쑤 삐아오 옌

장예모의 인상유삼저
张艺谋的 <印象刘三姐>
zhāng yì móu de <yìn xiàng liú sān jiě>
짱 이 모우 더 〈인 시앙 리우 산 지에〉

콘서트
演唱会
yǎn chàng huì
옌 창 후이

뮤지컬
音乐会
yīn yuè huì
인 위에 후이

클래식
古典音乐会
gǔ diǎn yīn yuè huì
꾸 디엔 인 위에 후이

오케스트라
弦乐团
xián yuè tuán
시엔 위에 투안

중국 전통 악기공연
中国传统乐器表演
zhōng guó chuán tǒng yuè qì biǎo yǎn
쭝 꾸오 추안 퉁 위에 치 삐아오 옌

검보
脸谱
liǎn pǔ
리엔 푸

관련대화

A : 저는 중국 경극을 좋아하는데 유명한 곳이 어디일까요?
我喜欢京剧。哪里的京剧最有名?
wǒ xǐ huan jīng jù. nǎ lǐ de jīng jù zuì yǒu míng
워 시 후안 징 쥐. 나 리 더 징 쥐 주이 요우 밍

B : 경극은 북경의 왕푸진이 유명해요.
北京王府井的京剧很有名。
běi jīng wáng fǔ jǐng de jīng jù hěn yǒu míng
뻬이 징 왕 푸 징 더 징 쥐 헌 요우 밍

A : 아 그래요. 감사합니다.
是吗,谢谢你。
shì ma, xiè xie nǐ
쓰 마 시에 시에 니

관련단어

| 관객/청중 | 观客
听众 | guān kè
tīng zhòng | 꾸안 커
팅 쫑 |

Unit 03 나라 이름

아시아 亚洲 yà zhōu 야 쪼우
동남아시아 东南亚 dōng nán Yà 동 난 야

대한민국(한국)
大韩民国(韩国)
dà hán mín guó(hán guó)
다 한 민 꾸어(한 꾸오)

중국
中国
zhōng guó
쫑 꾸오

일본
日本
rì běn
르 뻔

대만
台湾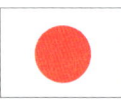
tái wān
타이 완

필리핀
菲律宾
fēi lǜ bīn
페이 뤼 삔

인도네시아
印度尼西亚
yìn dù ní xī yà
인 두 니 시 야

인도
印度
yìn dù
인 두

파키스탄
巴基斯坦
bā jī sī tǎn
빠 지 스 탄

우즈베키스탄
乌兹别克斯坦
wū zī bié kè sī tǎn
우 즈 베이 커 시 탄

카자흐스탄
哈萨克斯坦
hā sà kè sī tǎn
하 사 커 시 탄

러시아
俄罗斯
é luó sī
으 루오 스

몽골
蒙古
měng gǔ
멍 꾸

태국
泰国
tài guó
타이 꾸오

유럽 欧洲 ōu zhōu 오우 쪼우

스페인
西班牙
xī bān yá
시 빤 야

프랑스
法国
fǎ guó
파 꾸오

포르투갈
葡萄牙
pú táo yá
푸 타오 야

아이슬란드
冰岛
bīng dǎo
삥 따오

스웨덴
瑞典
ruì diǎn
루이 디엔

노르웨이
挪威
nuó wēi
루오 웨이

핀란드
芬兰
fēn lán
펀 란

아일랜드
爱尔兰
ài ěr lán
아이 얼 란

영국
英国
yīng guó
잉 꾸오

독일
德国
dé guó
더 꾸오

라트비아
拉脱维亚
lā tuō wéi yà
라 투오 웨이 야

벨라루스
白俄罗斯
bái é luó sī
빠이 으 루오 스

우크라이나
乌克兰
wū kè lán
우 커 란

루마니아
罗马尼亚
luó mǎ ní yà
루오 마 니 야

이탈리아
意大利
yì dà lì
이 따 리

그리스
希腊
xī là
시 라

북아메리카 北美洲 běi měi zhōu 뻬이 메이 쪼우

미국
美国
měi guó
메이 꾸오

캐나다
加拿大
jiā ná dà
지아 나 다

그린란드
格陵兰
gé líng lán
꺼 링 란

남아메리카 南美洲 nán měi zhōu 난 메이 쪼우

멕시코
墨西哥
mò xī gē
모 시 꺼

쿠바
古巴
gǔ bā
꾸 빠

과테말라
危地马拉
wēi dì mǎ lā
웨이 디 마 라

베네수엘라
委内瑞拉
wěi nèi ruì là
웨이 네이 루이 라

에콰도르
厄瓜多尔
è guā duō ěr
으 꾸아 두오 얼

페루
秘鲁
bì lǔ
삐 루

브라질
巴西
bā xī
빠 시

볼리비아
玻利维亚
bō lì wéi yà
뽀 리 웨이 야

파라과이
巴拉圭
bā lā guī
빠 라 꾸이

칠레
智利
zhì lì
쯔 리

아르헨티나
阿根廷
ā gēn tíng
아 껀 팅

우루과이
乌拉圭
wū lā guī
우 라 꾸이

중동 中东 zhōng dōng 쫑 동

터키
土耳其
tǔ ěr qí
투 얼 치

시리아
叙利亚
xù lì yà
쉬 리 야

이라크
伊拉克
yī lā kè
이 라 커

요르단
约旦
yuē dàn
위에 단

이스라엘
以色列
yǐ sè liè
이 서 리에

레바논
黎巴嫩
lí bā nèn
리 빠 넌

오만
阿曼
ā màn
아 만

아프가니스탄
阿富汗
ā fù hàn
아 푸 한

사우디아라비아
沙特阿拉伯
shā tè ā lā bó
싸 터 아 라 뽀

아프리카 非洲 fēi zhōu 페이 쪼우

모로코
摩洛哥
mó luò gē
모 루오 꺼

알제리
阿尔及利亚
ā ěr jí lì yà
아 얼 지 리 야

리비아
利比亚
lì bǐ yà
리 삐 야

수단
苏丹
sū dān
수 단

나이지리아
尼日利亚
ní rì lì yà
니 리 리 야

에티오피아
埃塞俄比亚
āi sài é bǐ yà
아이 사이 으 삐 야

케냐
肯尼亚
kěn ní yà
컨 이 야

오세아니아 澳洲 ào zhōu 아오 쪼우

오스트레일리아
澳大利亚
ào dà lì yà
아오 다 리 야

뉴질랜드
新西兰
xīn xī lán
신 시 란

피지
斐济
fěi jì
페이 지

관련대화

A : 당신은 어느 나라에 가고 싶어요?

你想去哪个国家？
nǐ xiǎng qù nǎ gè guó jiā
니 시앙 취 나 거 꾸오 지아

B : 저는 프랑스에 가고 싶어요.
我想去法国。
wǒ xiǎng qù fǎ guó
워 시앙 취 파 꾸오

A : 왜요?
为什么?
wèi shén me
웨이 썬 머

B : 왜냐하면 프랑스에는 아름다운 건물과 박물관이 많이 있기 때문입니다.
因为法国有很多漂亮的建筑和博物馆。
yīn wèi fǎ guó yǒu hěn duō piào liang de jiàn zhù hé bó wù guǎn
인 웨이 파 꾸오 요우 헌 두오 피아오 리앙 더 지엔 쭈 허 보 우 꾸안

관련단어

국가	国家	guó jiā	꾸오 지아
인구	人口	rén kǒu	런 코우
수도	首都	shǒu dū	쏘우 두
도시	城市	chéng shì	청 쓰
시민	市民	shì mín	쓰 민
분단국가	分裂的国家	fēn liè de guó jiā	펀 리에 더 꾸오 지아
통일	统一	tǒng yī	통 이
민주주의	民主主义	mín zhǔ zhǔ yì	민 쭈 쭈 이
사회주의	社会主义	shè huì zhǔ yì	써 후이 쭈 이

공산주의	共产主义	gòng chǎn zhǔ yì	꽁 찬 쭈 이
선진국	发达国家	fā dá guó jiā	파 다 꾸오 지아
개발도상국	发展中国家	fā zhǎn zhōng guó jiā	파 짠 쫑 꾸오 지아
후진국	落后国家	luò hòu guó jiā	루오 호우 꾸오 지아
전쟁	战争	zhàn zhēng	짠 쩡
분쟁	纠纷	jiū fēn	지우 펀
평화	和平	hé píng	허 핑
고향	家乡	jiā xiāng	지아 싱
이민	移民	yí mín	이 민
태평양	太平洋	tài píng yáng	타이 핑 양
대서양	大西洋	dà xī yáng	따 시 양
인도양	印度洋	yìn dù yáng	인 뚜 양
3대양	三大洋	sàn dà yáng	산 따 양
7대주	七大洲	qī dà zhōu	치 따 쪼우

Unit 04 세계 도시

로스앤젤레스
洛杉矶
luò shān jī
루오 싼 지

뉴욕
纽约
niǔ yuē
니우 위에

워싱턴DC
华盛顿特区
huá shèng dùn tè qū
후아 쎵 둔 터 취

샌프란시스코
旧金山
jiù jīn shān
지우 진 싼

파리
巴黎
bā lí
빠 리

런던
伦敦
lún dūn
룬 둔

베를린
柏林
bó lín
뽀 린

로마
罗马
luó mǎ
루오 마

서울
首尔
shǒu ěr
쏘우 얼

북경
北京
běi jīng
뻬이 징

도쿄
东京
dōng jīng
동 징

상해
上海
shàng hǎi
쌍 하이

시드니
悉尼
xī ní
시 니

관련대화

A : 샌프란시스코에 가본 적 있어요?
你去过旧金山吗?
nǐ qù guò jiù jīn shān ma
니 취 꾸오 지우 진 싼 마

B : 네, 가본 적이 있어요.
去过。
qù guò
취 꾸오

아니요. 가본 적이 없어요.
我没去过。
wǒ méi qù guò
워 메이 취 꾸오

A : 샌프란시스코는 어때요?
旧金山如何呢?
jiù jīn shān rú hé ne
지우 진 싼 루 허 너

B : 너무 좋아요.
非常好。
fēi cháng hǎo
페이 창 하오

Part 3
비즈니스 단어

Chapter 01. 경제
Chapter 02. 회사
Chapter 03. 증권, 보험
Chapter 04. 무역
Chapter 05. 은행

Chapter 01 경제

값이 비싼
价钱贵
jià qián guì
지아 치엔 꾸이

값이 싼
价钱便宜
jià qián pián yi
지아 치엔 피엔 이

경기불황
经济不景气
jīng jì bù jǐng qì
징 지 뿌 징 치
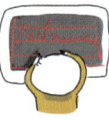

경기호황
经济景气
jīng jì jǐng qì
징 지 징 치

공급받다
接受
jiē shòu
지에 쏘우

공급하다
供给
gōng jǐ
꽁 지

고객/의뢰인
委托人
wěi tuō rén
웨이 투오 런

낭비
浪费
làng fèi
랑 페이

도산, 파산
破产
pò chǎn
포어 찬

불경기
经济低迷
jīng jì dī mí
징 지 디 미

물가상승
物价上涨
wù jià shàng zhǎng
우 지아 쌍 짱

물가하락
物价下跌
wù jià xià diē
우 지아 시아 디에

돈을 벌다
挣钱
zhèng qián
쩡 치엔

무역수지 적자
国际贸易逆差
guó jì mào yì nì chā
꾸오 지 마오 이 니 차

무역수지 흑자
国际贸易顺差
guó jì mào yì shùn chā
꾸오 지 마오 이 쑨 차

상업광고
商业广告
shāng yè guǎng gào
쌍 예 구앙 까오

간접광고(PPL)
软广告
ruǎn guǎng gào
루안 꾸앙 까오

제조/생산
制造/生产
zhì zào / shēng chǎn
쯔 자오 / 썽 찬

수입
进口
jìn kǒu
진 코우

수출
出口
chū kǒu
추 코우

중계무역
中转贸易
zhōng zhuǎn mào yì
쫑 쭈안 마오 이

커미션
手续费
shǒu xù fèi
쏘우 쉬 페이

이익
利益
lì yì
리 이

전자상거래
电子商务
diàn zǐ shāng wù
디엔 즈 쌍 우

투자하다
投资
tóu zī
토우 즈

관련대화

A : 중국의 전자상거래는 지금 완전히 포화상태인 거 같아요.

我觉得现在中国的电子商务是饱和状态。

wǒ jué de xiàn zài zhōng guó de diàn zǐ shāng wù shì bǎo hé zhuàng tài

워 주에 더 시엔 자이 쫑 꾸오 더 디엔 즈 쌍 우 쓰 빠오 허 주앙 타이

B : 그렇죠. 중국의 전자상거래는 지금 완전히 레드오션이에요.

是吧, 中国的电子商务现在完全是红海状态。

shì ba, zhōng guó de diàn zǐ shāng wù xiàn zài wán quán shì hóng hǎi zhuàng tài

쓰 빠, 종 꾸오 더 디엔 즈 쌍 우 시엔 자이 완 취엔 스 홍 하이 쭈앙 타이

관련단어

독점권	垄断权	lǒng duàn quán	롱 두안 취엔
총판권	总经销权	zǒng jīng xiāo quán	종 징 시아오 취엔
상표권	商标权	shāng biāo quán	쌍 삐아오 취엔
상표권침해	商标权侵权	shāng biāo quán qīn quán	상 삐아오 취엔 친 취엔
특허권	专利权	zhuān lì quán	쭈안 리 취엔
인증서	认证书	rèn zhèng shū	런 쩡 쑤
해외법인	海外法人	hǎi wài fǎ rén	하이 와이 파 런
자회사	子公司	zǐ gōng sī	즈 꽁 스
위생허가증	卫生许可证	wèi shēng xǔ kě zhèng	웨이 쎵 쉬 커 쩡

사업자등록증	营业执照	yíng yè zhí zhào	잉 예 쯔 짜오
오프라인	线下	xiàn xià	시엔 시아
온라인	线上	xiàn shàng	시엔 쌍
레드오션전략	红海战略	hóng hǎi zhàn lüè	홍 하이 짠 뤼에
블루오션전략	蓝海策略	lán hǎi cè lüè	란 하이 처 뤼에
퍼플오션전략	紫海战略	zǐ hǎi zhàn lüè	즈 하이 짠 뤼에
인플레이션	通货膨胀	tōng huò péng zhàng	통 후오 펑 짱
포화상태	饱和状态	bǎo hé zhuàng tài	빠오 허 쭈앙 타이
계약	签约	qiān yuē	치엔 위에
합작	合作	hé zuò	허 주오
디플레이션	通货紧缩	tōng huò jǐn suō	통 후오 진 수오
성공	成功	chéng gōng	청 꽁
실패	失败	shī bài	쓰 빠이
벼락부자 (갑자기 부자가 된 사람을 뜻하는 신조어)	报发户	bào fā hù	빠오 파 후

Chapter 02 회사

Unit 01 직급, 지위

회장
董事长
dǒng shì zhǎng
동 쓰 짱

사장
老板, 总经理
lǎo bǎn, zǒng jīng lǐ
라오 빤, 종 징 리

부사장
副总经理
fù zǒng jīng lǐ
푸 종 징 리

부장
部长
bù zhǎng
뿌 쭈앙

차장
次长
cì zhǎng
츠 짱

과장
科长
kē zhǎng
커 짱

대리
代理
dài lǐ
다이 리

주임
主任
zhǔ rèn
쭈 런

사원
公司职员
gōng sī zhí yuán
꽁 스 쯔 위엔

상사
上司
shàng si
쌍스

동료
同事
tóng shì
통 쓰

부하
部下
bù xià
뿌 시아

신입사원
新入职员
xīn rù zhí yuán
신 루 쯔 위엔

계약직
合同工
hé tong gōng
허 퉁 꿍

정규직
正式员工
zhèng shì yuán gōng
쩡 쓰 위엔 꿍

관련대화

A : 칭칭 씨 과장 승진을 축하합니다.
青青，恭喜你升职为科长。
qīng qīng, gōng xǐ nǐ shēng zhí wéi kē zhǎng
칭 칭, 꽁 시 니 썽 쯔 웨이 커 짱

B : 감사합니다. 모두 도와주신 덕분이에요.
谢谢。承蒙大家的照顾。
xiè xie. chéng méng dà jiā de zhào gù
시에 시에. 청 멍 다 지아 더 짜오 꾸

관련단어

임원	领导	lǐng dǎo	링 다오
고문	顾问	gù wèn	꾸 원
중역	重任	zhòng rèn	쫑 런
전무	专务	zhuān wù	쭈안 우
상무	常务	cháng wù	창 우
대표	代表	dài biǎo	다이 삐아오

Unit 02 부서

구매부
采购部
cǎi gòu bù
차이 꼬우 뿌

기획부
企划部
qǐ huà bù
치 후아 뿌

법무부
法务部
fǎ wù bù
파 우 뿌

연구개발부
研究开发部
yán jiū kāi fā bù
옌 지우 카이 파 뿌

관리부
管理部
guǎn lǐ bù
꾸안 리 뿌

회계부
会计部
kuài jì bù
쿠아이 지 뿌

영업부
营业部
yíng yè bù
잉 예 뿌

인사부
人事部
rén shì bù
런 쓰 뿌

자금부
资金部
zī jīn bù
즈 진 뿌

경영전략부
经营战略部
jīng yíng zhàn lüè bù
징 잉 짠 뤼에 뿌

해외영업부
海外营业部
hǎi wài yíng yè bù
하이 와이 잉 예 뿌

관련대화

A : 저는 어느 부서에 지원을 하는 게 좋을 거 같아요?
你觉得我申请哪个部门比较好？
nǐ jué de wǒ shēn qǐng nǎ gè bù mén bǐ jiào hǎo
니 주에 더 워 썬 칭 나 꺼 뿌 먼 비 지아오 하오

B : 칭칭 씨는 사교적이라 영업부에 지원하면 좋을 것 같아요.
青青你的性格比较外向适合营业部。
qīng qīng nǐ de xìng gé bǐ jiào wài xiàng shì hé yíng yè bù
칭 칭 니 더 싱 거 비 지아오 와이 시앙 쓰 허 잉 예 뿌

Unit 03 근무시설 및 사무용품

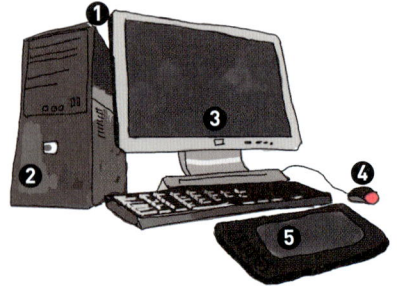

① 컴퓨터
电脑
diàn nǎo
디엔 나오

② 본체
主机
zhǔ jī
쭈 지

③ 모니터
显示器
xiǎn shì qì
시엔 쓰 치

④ 마우스
鼠标
shǔ biāo
쑤 삐아오

⑤ 태블릿
图形输入板
tú xíng shū rù bǎn
투 싱 쑤 루 빤

① 노트북
笔记本电脑
bǐ jì běn diàn nǎo
삐 지 뻔 디엔 나오

② 책상
桌子
zhuō zi
쭈오 즈

③ 서랍
抽屉
chōu ti
초우 티

④ 팩스
传真机
chuán zhēn jī
추안 쩐 지

⑤ 복사기
复印机
fù yìn jī
푸 인 지

⑥ 전화기
电话机
diàn huà jī
디엔 후아 지

⑦ A4용지
A4纸
A4 zhǐ
에이포 쯔

⑧ 스캐너
扫描仪
sǎo miáo yí
사오 미아오 이

⑨ 계산기
计算器
jì suàn qì
지 수안 치

⑩ 공유기
路由器
lù yóu qì
루 요우 치

⑪ 일정표
日程表
rì chéng biǎo
르 청 삐아오

⑫ 테이블
桌子
zhuō zi
쭈오 즈

⑬ 핸드폰
手机
shǒu jī
쏘우 지

⑭ 스마트폰
智能手机
zhì néng shǒu jī
쯔 넝 쏘우 지

관련대화

A : 컴퓨터가 아침부터 계속 안 되네요.
电脑从早上开始就用不了。
diàn nǎo cóng zǎo shang kāi shǐ jiù yòng bù liǎo
디엔 나오 총 자오 쌍 카이 쓰 지우 용 뿌 리아오

B : 재부팅해보세요.
你重新启动试试吧。
nǐ chóng xīn qǐ dòng shì shì ba
니 총 신 치 동 쓰 쓰 바

관련단어

재부팅	重新启动	chóng xīn qǐ dòng	총 신 치 동
아이콘	图标	tú biāo	투 삐아오
커서	光标	guāng biāo	꾸앙 삐아오
클릭	单击	dān jī	단 지
더블클릭	双击	shuāng jī	쑤앙 지
홈페이지	主页	zhǔ yè	쭈 예
메일주소	电邮地址	diàn yóu dì zhǐ	디엔 요우 디 쯔
첨부파일	附加文件	fù jiā wén jiàn	푸 지아 원 지엔
받은편지함	收件箱	shōu jiàn xiāng	쏘우 지엔 시앙
보낸편지함	发件箱	fā jiàn xiāng	파 지엔 시앙
스팸메일	垃圾邮件	lā jī yóu jiàn	라 지 요우 지엔
댓글	跟帖	gēn tiě	껀 티에
방화벽	防火墙	fáng huǒ qiáng	팡 후오 치앙

Unit 04 근로

고용하다
雇佣
gù yōng
꾸 용

고용주
雇主
gù zhǔ
꾸 쭈

임금/급여
工资
gōng zī
꽁 즈

수수료
手续费
shǒu xù fèi
쏘우 쉬 페이

해고하다
解雇
jiě gù
지에 꾸

인센티브
提成
tí chéng
티 청

승진
升职
shēng zhí
썽 쯔

출장
出差
chū chāi
추 차이

회의
会议
huì yì
후이 이

휴가
休假
xiū jià
시우 지아

출근
上班
shàng bān
쌍 빤

퇴근
下班
xià bān
시아 빤

조퇴
早退
zǎo tuì
자오 투이

지각
迟到
chí dào
츠 다오

잔업
加班
jiā bān
지아 빤

연봉
年薪
nián xīn
니엔 신

이력서
履历表
lǚ lì biǎo
뤼 리 삐아오

가불
预支
yù zhī
위 쯔

은퇴
退休
tuì xiū
투이 시우

회식
聚餐
jù cān
쥐 찬

관련대화

A : 오늘 회식이니 모두 참석해주시기 바랍니다.
今天有聚餐，希望大家都能参加。
jīn tiān yǒu jù cān, xī wàng dà jiā dōu néng cān jiā
진 티엔 요우 쥐 찬, 시 왕 다 지아 도우 넝 찬 지아

B : 네, 알겠습니다.
好的，知道了。
hǎo de, zhī dào le
하오 더, 쯔 다오 러

관련단어

연금	退休金	tuì xiū jīn	투이 시우 진
보너스	奖金	jiǎng jīn	지앙 진
월급날	工资日	gōng zī rì	꽁 즈 르
아르바이트	打工	dǎ gōng	다 꽁
급여인상	涨工资	zhǎng gōng zī	짱 꽁 즈

Chapter 03 증권, 보험

증권거래소
证券交易所
zhèng quàn jiāo yì suǒ
쩡 취엔 지아오 이 수오

증권중개인
证券中介人
zhèng quàn zhōng jiè rén
쩡 취엔 쭝 지에 런

주주
股东
gǔ dōng
꾸 동

주식, 증권
股票, 证券
gǔ piào , zhèng quàn
꾸 피아오, 쩡 취엔

배당금
红利
hóng lì
홍 리

선물거래
期货交易
qī huò jiāo yì
치 후오 지아오 이

주가지수
股票价格指数
gǔ piào jià gé zhǐ shù
꾸 피아오 지아 꺼 쯔 쑤
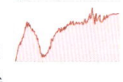

장기채권
长期债券
cháng qī zhài quàn
창 치 짜이 취엔

보험계약자
投保人
tóu bǎo rén
토우 빠오 런

보험회사
保险公司
bǎo xiǎn gōng sī
빠오 시엔 꽁 스

보험설계사
保险设计师
bǎo xiǎn shè jì shī
빠오 시엔 써 지 쓰

보험에 들다
买保险
mǎi bǎo xiǎn
마이 빠오 시엔

보험증서
保险单
bǎo xiǎn dān
빠오 시엔 단

보험약관
保险条款
bǎo xiǎn tiáo kuǎn
빠오 시엔 티아오 쿠안

보험료
保险金
bǎo xiǎn jīn
빠오 시엔 진

보상금
赔偿金
péi cháng jīn
페이 창 진

피보험자
被保险人
bèi bǎo xiǎn rén
뻬이 빠오 시엔 런

관련대화

A : 주식을 좀 사려고 하는데 어느 주식이 좋을까요?
我想买股票, 你觉得哪个股票好呢?
wǒ xiǎng mǎi gǔ piào nǐ jué de nǎ ge gǔ piào hǎo ne
워 시앙 마이 꾸 피아오 니 주에 더 나 꺼 꾸 피아오 하오 너

B : 글쎄요. 전 주식에 대해선 아는 게 없어요.
嗯…我不太了解股票。
én…wǒ bú tài liǎo jiě gǔ piào
언… 워 뿌 타이 리아오 지에 꾸 피아오

관련단어

보증양도증서 (certified transfer)	经核证的过户凭单	jīng hé zhèng de guò hù píng dān	징 허 쩡 더 꾸오 후 핑 단
파생상품	衍生商品	yǎn shēng shāng pǐn	옌 썽 쌍 핀
보험해약	解除保险合同	jiě chú bǎo xiǎn hé tóng	지에 추 빠오 시엔 허 통
보험금	保险费	bǎo xiǎn fèi	빠오 시엔 페이
투자자	投资者	tóu zī zhě	토우 즈 쩌
투자신탁	投资信托	tóu zī xìn tuō	통 즈 신 투오
자산유동화	资产清算	zī chǎn qīng suàn	즈 찬 칭 수안
유상증자	有偿增资	yǒu cháng zēng zī	요우 창 정 즈
무상증자	无偿增资	wú cháng zēng zī	우 창 정 즈
주식액면가	股面价格	gǔ miàn jià gé	꾸 미엔 지아 거
기관투자가	机构投资者	jī gòu tóu zī zhě	지 꼬우 토우 즈 쩌

Chapter 04 무역

물물교환
物物交换
wù wù jiāo huàn
우 우 지아오 후안

구매자, 바이어
买方
mǎi fāng
마이 팡

클레임
索赔
suǒ péi
수오 페이

덤핑
倾销
qīng xiāo
칭 시아오

수출
出口
chū kǒu
추 코우

수입
进口
jìn kǒu
진 코우

선적
装船
zhuāng chuán
쭈앙 추안

무역 보복
贸易报复
mào yì bào fù
마오 이 빠오 푸

주문서
订单
dìng dān
딩 단

LC신용장
LC信用证
LC xìn yòng zhèng
엘씨 신 용 쩡

관세
关税
guān shuì
꾸안 쑤이

부가세
增值税
zēng zhí shuì
정 쯔 쑤이

행우세
行邮税
xíng yóu shuì
싱 요우 쑤이

세관
海关
hǎi guān
하이 꾸안

포워더(세관중개인)
货运代理人
huò yùn dài lǐ rén
후오 윈 다이 리 런

보세구역
保税区
bǎo shuì qū
빠오 쑤이 취

관련대화

A : 중국에는 화장품이 위생허가 없이 정식 수출을 못 하죠?

如果没有化妆品卫生许可证的话, 就不能正式出口到中国吧?

rú guǒ méi yǒu huà zhuāng pǐn wèi shēng xǔ kě zhèng de huà, jiù bù néng zhèng shì chū kǒu dào zhōng guó ba

루 꾸오 메이 요우 후아 쭈앙 핀 웨이 썽 쉬 커 쩡 더 후아, 지우 뿌 넝 쩡 쓰 추 코우 따오 쭝 꾸오 빠

B : 네, 그렇습니다.

是, 对的。
shì, duì de
쓰, 두이 더

관련단어

박리다매	薄利多销	bó lì duō xiāo	뽀어 리 뚜오 시아오
컨테이너	集装箱	jí zhuāng xiāng	지 쭈앙 시앙
무역회사	贸易公司	mào yì gōng sī	마오 이 꽁 스
입찰	投标	tóu biāo	토우 삐아오
패킹리스트	装箱单	zhuāng xiāng dān	쭈앙 시앙 단
인보이스	发货单	fā huò dān	파 후오 단

Chapter 05 은행

신용장
信用证
xìn yòng zhèng
신 용 쩡

주택담보대출
住房担保贷款
zhù fáng dàn bǎo dài kuǎn
쭈 팡 단 빠오 다이 쿠안

이자
利息
lì xī
리 시

대출
贷款
dài kuǎn
다이 쿠안

입금
存钱
cún qián
춘 치엔

출금
取钱
qǔ qián
취 치엔

통장
存折
cún zhé
춘 쩌

송금
汇款
huì kuǎn
후이 쿠안

현금인출기
取款机
qǔ kuǎn jī
취 쿠안 지
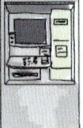

수표
支票
zhī piào
쯔 피아오
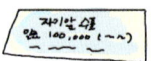

온라인 송금
网上汇款
wǎng shàng huì kuǎn
왕 쌍 후이 쿠안

외화송금
外汇汇款
wài huì huì kuǎn
와이 후이 후이 쿠안

환전
兑换
duì huàn
두이 후안

신용등급
信用等级
xìn yòng děng jí
신 용 덩 지

관련대화

A : 주택담보대출로 집을 사고 싶은데요.
我想用住房担保贷款买房子。
wǒ xiǎng yòng zhù fáng dān bǎo dài kuǎn mǎi fáng zi
워 시앙 용 쭈 팡 단 빠오 다이 쿠안 마이 팡 즈

B : 네, 신용등급이 높아서 아마 괜찮겠는데요. 잠시만 기다려보세요.
你的信用等级很高，应该没问题。请稍等一会。
nǐ de xìn yòng děng jí hěn gāo , yīng gāi méi wèn tí. qǐng shāo děng yí huì
니 더 신 용 덩 지 헌 까오, 잉 까이 메이 원티. 칭 싸오 덩 이 후이

관련단어

매매기준율	买卖基本价	mǎi mai jī běn jià	마이 마이 지 뻔 지아
송금환율	汇款汇率	huì kuǎn huì lǜ	후이 쿠안 후이 뤼
현찰 살 때 환율	现钞买入价	xiàn chāo mǎi rù jià	시엔 차오 마이 루 지아

현찰 팔 때 환율	现钞卖出价	xiàn chāo mài chū jià	시엔 차오 마이 추 지아
신용카드	信用卡	xìn yòng kǎ	신 용 카
상환	偿付	cháng fù	창 푸
연체	拖欠	tuō qiàn	투오 치엔
고금리	高利息	gāo lì xī	까오 리 시
저금리	低利息	dī lì xī	디 리 시
담보	担保	dān bǎo	단 빠오
담보저당채권	有抵押债券	yǒu dǐ yā zhài quàn	요우 디 야 짜이 취엔
계좌	账户	zhàng hù	짱 후
적금	定期存款	dìng qī cún kuǎn	딩 치 춘 쿠안

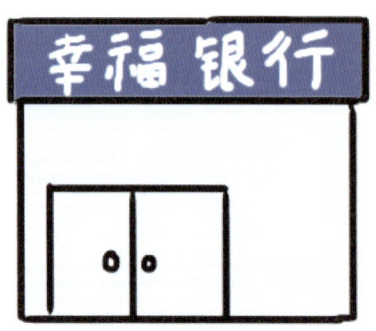

컴팩트
단어장

Part 01. 일상생활 단어
Part 02. 여행 단어
Part 03. 비즈니스 단어

Part 1 일상생활 단어

Chapter 01. 개인소개

Unit 01 성별, 노소   22쪽

한국어	중국어	발음
여자	女人	뉘 런
남자	男子	난 즈
노인	老人	라오 런
중년	中年	쫑 니엔
소년	少年	샤오 니엔
소녀	少女	샤오 뉘
청소년	青少年	칭 샤오 니엔
임산부	产妇	찬 푸
어린이	儿童	얼 통
유아	幼儿	요우 얼
갓난아기	婴儿	잉 얼

Unit 02 가족   23쪽

친가

한국어	중국어	발음
친할아버지	爷爷	예 예
친할머니	奶奶	나이 나이
고모	姑姑	꾸 꾸
고모부	姑父	꾸 푸
큰아버지	伯父	뽀 푸
큰어머니	伯母	뽀 무
작은아버지 (삼촌)	叔叔	쑤 쑤
숙모	婶婶	썬 썬
아버지(아빠)	爸爸	빠 빠
어머니(엄마)	妈妈	마 마
사촌형/사촌오빠	堂哥	탕 꺼
사촌누나/사촌언니	堂姐	탕 지에
사촌여동생	堂妹	탕 메이
사촌남동생	堂弟	탕 띠
나	我	워

외가   24쪽

한국어	중국어	발음
외할아버지	外公	와이 꽁
외할머니	外婆	와이 포
외삼촌	舅舅	지우 지우
외숙모	舅妈	지우 마
이모	姨妈	이 마
이모부	姨父	이 푸
어머니(엄마)	妈妈	마 마
아버지(아빠)	爸爸	빠 빠
사촌형/사촌오빠	表哥	삐아오 꺼
사촌누나/사촌언니	表姐	삐아오 지에
사촌여동생	表妹	삐아오 메이
사촌남동생	表弟	삐아오 띠
나	我	워

직계   25쪽

한국어	중국어	발음
아버지(아빠)	爸爸	빠 빠
어머니(엄마)	妈妈	마 마
언니/누나	姐姐	지에 지에
형부/매형(매부)	姐夫	지에 푸
오빠/형	哥哥	꺼 꺼
새언니/형수	嫂嫂	사오 사오
남동생	弟弟	띠 띠
제수	弟妹	띠 메이
여동생	妹妹	메이 메이
제부/매제	妹夫	메이 푸
나(부인)	我(妻子)	워(치 즈)
남편	丈夫	짱 푸
외조카	外甥女	와이 썽 뉘
친조카	侄子	쯔 즈
아들	儿子	얼 즈
며느리	儿媳妇	얼 씨 푸
딸	女儿	뉘 얼

사위	女婿	뉘 쉬
친손자/친손녀	孙子/孙女	쉰 즈 / 쉰 뉘
외손녀/외손자	外孙子/外孙女	와이 순 즈 / 와이 순 뉘

관련단어 27쪽

외동딸	独生女	뚜 썽 뉘
외동아들	独生子	뚜 썽 즈
결혼하다	结婚	지에 훈
이혼하다	离婚	리 훈
신부	新娘	신 니앙
신랑	新郎	신 랑
면사포	面纱	미엔 싸
약혼	婚约	훈 리에
독신주의자	单身贵族	딴 썬 꾸이 주
과부	寡妇	꾸아 푸
기념일	纪念日	지 니엔 르
친척	亲戚	친 치

Unit 03 삶(인생) 28쪽

태어나다	出生	추 썽
백일	百日	빠이 르
돌잔치	周岁筵席	쪼우 수이 엔 시
유년시절	幼年时期	요우 니엔 쓰 치
학창시절	学生时代	쉬에 썽 쓰 다이
첫눈에 반하다	一见钟情	이 지엔 쫑 칭
삼각관계	三角关系	산 지아오 꾸안 시
이상형	梦中情人	멍 쫑 칭 런
사귀다	交往	지아오 왕
애인	爱人	아이 런
여자친구	女朋友	뉘 펑 요우
남자친구	男朋友	난 펑 요우

이별	分手	펀 쏘우
재회	重逢	총 펑
청혼	求婚	치우 훈
약혼	订婚	딩 훈
결혼	结婚	지에 훈
신혼여행	新婚旅行	신 훈 뤼 싱
임신	怀孕	후아이 윈
출산	生育	썽 위
득남	喜得贵子	시 더 꾸이 즈
득녀	喜得贵女	시 더 꾸이 뉘
육아	养育	양 위
학부모	学生家长	쉬에 썽 지아 짱
유언	遗言	이 엔
사망	去世	취 쓰
장례식	葬礼	장 리 이 쓰
천국에 가다	去天堂	취 티엔 탕

관련단어 30쪽

어린 시절	小时候	시아오 쓰 호우
미망인	未亡人	웨이 왕 런
홀아비	鳏夫	꾸안 푸
젊다	年轻	니엔 칭
늙다	老迈	라오 마이

Unit 04 직업 31쪽

간호사	护士	후 쓰
약사	药剂师	야오 지 쓰
의사	医生	이 썽
가이드	导游	따오 요우
선생님/교사	老师/教师	라오 쓰 / 지아오 쓰
교수	教授	지아오 쏘우
가수	歌手	꺼 쏘우
음악가	音乐家	인 위에 지아

한국어	中文	발음
화가	画家	후아 지아
소방관	消防员	씨아오 팡 위엔
경찰관	警察	징 차
공무원	公务员	꽁 우 위엔
요리사	厨师	추 쓰
디자이너	设计师	써 지 쓰
승무원	乘务员	청 우 위엔
판사	审判员	션 판 위엔
검사	检察官	지엔 차 꾸안
변호사	律师	뤼 쓰
사업가	商人	쌍 런
회사원	公司职员	꽁 스 즈 위엔
학생	学生	쉬에 썽
운전기사	司机	스 지
농부	农民	농 민
가정주부	家庭主妇	지아 팅 쭈 푸
작가	作家	주오 지아
정치가	政治家	쩡 쯔 지아
세일즈맨	推销员	투이 시아오 위엔
미용사	美容师	메이 롱 쓰
군인	军人	쥔 런
은행원	银行职员	인 항 쯔 위엔
엔지니어	工程师	꽁 청 쓰
통역원	翻译	판 이
비서	秘书	미 쑤
회계사	会计师	쿠아이 지 쓰
이발사	理发师	리 파 쓰
배관공	管道工	꾸안 따오 꽁
수의사	兽医	쏘우 이
건축가	建筑师	지엔 쭈 쓰
편집자	编辑	삐엔 지
성직자	神职人员	썬 쯔 런 위엔
심리상담사	心理咨询师	신 리 즈 쉰 쓰
형사(사법경찰)	刑事警察	싱 쓰 징 차
방송국 PD	电视台编导	디엔 쓰 타이 삐엔 다오
카메라맨	摄影师	써 잉 쓰
예술가	艺术家	이 쑤 지아
영화감독	电影导演	디엔 잉 다오 엔
영화배우	电影演员	디엔 잉 엔 위엔
운동선수	运动员	운 동 위엔
목수	木工	무 꽁
프리랜서	自由职业者	즈 요우 쯔 예 쩌

Unit 05 별자리 35쪽

한국어	中文	발음
양자리	白羊座	빠이 양 주오
황소자리	金牛座	진 니우 주오
쌍둥이자리	双子座	슈앙 즈 주오
게자리	巨蟹座	쥐 시에 주오
사자자리	狮子座	쓰 즈 주오
처녀자리	处女座	추 뉘 주오
천칭자리	天枰座	티엔 핑 주오
전갈자리	天蝎座	티엔 시에 주오
사수자리	射手座	써 쏘우 주오
염소자리	摩羯座	모 지에 주오
물병자리	水瓶座	쑤이 핑 주오
물고기자리	双鱼座	쑤앙 위 주오

Unit 06 혈액형 36쪽

한국어	中文	발음
A형	A型	에이 씽
B형	B型	비 씽
O형	O型	오 씽
AB형	AB型	에이비 씽

관련단어 36쪽

피	血	쉬에
헌혈	献血	시엔 쉬에
혈소판	血小板	쉬에 시아오 빤
혈관	血管	쉬에 꾸안
적혈구	红细胞	홍 시 빠오

Unit 07 띠 37쪽

쥐	鼠	쑤
소	牛	니우
호랑이	虎	후
토끼	兔	투
용	龙	롱
뱀	蛇	써
말	马	마
양	羊	양
원숭이	猴	호우
닭	鸡	찌
개	狗	꼬우
돼지	猪	쭈

Unit 08 성격 38쪽

명랑해요	开朗的	카이 랑 더
상냥해요	和蔼的	허 아이 더
친절해요	亲切的	친 치에 더
당당해요	堂堂正正的	탕 탕 쩡 쩡 더
야무져요	实实在在的	쓰 쓰 자이 자이 더
고상해요	高尚的	까오 쌍 더
통이 커요	慷慨的	캉 카이 더
눈치가 빨라요	有眼力见儿	요우 엔 리 찌엔 얼
솔직해요	直率的	쯔 쑤아이 더
적극적이에요	积极的	찌 찌 더
사교적이에요	社交的	써 찌아오 더
꼼꼼해요	仔细的	즈 시 더
덜렁거려요	马大哈的	마 따 하 더
겁쟁이예요	胆小的	딴 쌰오 더
보수적이에요	保守的	빠오 쏘우 더
개방적이에요	开放的	카이 팡 더
뻔뻔해요	厚脸皮的	호우 리엔 피 더
심술궂어요	泼辣的	포 라 더
긍정적이에요	乐观的	러 꾸안 더
부정적이에요	否定的	포우 딩 더
다혈질이에요	气盛的	치 썽 더
냉정해요	冷静的	렁 징 더
허풍쟁이예요	浮夸的	푸 쿠아 더
소심해요	小心眼的	씨아오 씬 엔 더
소극적이에요	消极的	씨아오 지 더
자애로워요	慈祥的	츠 시앙 더
겸손해요	谦虚的	치엔 쉬 더
진실돼요	实诚的	쓰 청 더
동정심이 많아요	有同情心的	요우 통 칭 신 더
인정이 많아요	厚道的	호우 따오 더
버릇없어요	没有礼貌的	메이 요우 리 마오 더
잔인해요	残忍的	찬 런 더
거만해요	高傲的	까오 아오 더
유치해요	幼稚的	요우 쯔 더
내성적이에요	内向的	네이 시앙 더
외향적이에요	外向的	와이 시앙 더

관련단어 41쪽

성향	性格倾向	싱 꺼 칭 시앙
기질	气质	치 쯔
울화통	怒气	누 치
성격	性格	싱 꺼
인격	人格	런 꺼

장점	优点	요우 띠엔
태도	态度	타이 두
관계	关系	꾸안 시
말투	口气	코우 치
표준어	普通话	푸 퉁 후아
사투리	方言	팡 옌

Unit 09 종교 42쪽

천주교	天主教	티엔 쭈 지아오
기독교	基督教	지 두 지아오
불교	佛教	포 지아오
이슬람교	伊斯兰教	이 스 란 지아오
도교	道教	다오 지아오
무교	无宗教	우 종 지아오

관련단어 43쪽

성당	天主堂	티엔 쭈 탕
교회	教会	지아오 후이
절	寺院	스 위엔
성서/성경	圣书/圣经	썽 쑤 / 썽 징
경전	经卷	징 쥐엔
윤회	轮回	룬 후이
전생	前生	치엔 썽
성모마리아	圣母	썽 무
예수	耶稣	예 수
불상	佛像	포 시앙
부처	佛祖	포 주
종교	宗教	종 지아오
신부	神父	썬 푸
수녀	修女	시우 뉘
승려	僧侣	성 뤼
목사	牧师	무 쓰

Chapter 02 신체

Unit 01 신체명 44쪽

머리	头	토우
눈	眼睛	옌 징
코	鼻子	삐 즈
입	嘴	주이
이	牙	야
귀	耳朵	얼 뚜오
목	脖子	보 즈
어깨	肩膀	지엔 빵
가슴	胸	씨옹
배	肚子	뚜 즈
손	手	쏘우
다리	腿	투이
무릎	膝盖	시 까이
발	脚	지아오

등	背	뻬이
머리카락	头发	토우 파
팔	胳膊	꺼 뽀
허리	腰	야오
엉덩이	臀部	툰 뿌
발목	脚腕	지아오 완

(턱)수염	胡子	후 즈
구레나룻	鬓角	삔 지아오
눈꺼풀	眼皮子	옌 피 즈
콧구멍	鼻孔	삐 콩
턱	下巴	씨아 빠
눈동자	眼珠	옌 쭈
목구멍	嗓子	상 즈
볼/뺨	面颊	미엔 지아
배꼽	肚脐	뚜 치
손톱	指甲	쯔 지아
손목	手腕	쏘우 완

손바닥	手掌	쏘우 팡
혀	舌头	써 토우
피부	皮肤	피 푸
팔꿈치	肘	쪼우
갈비뼈	肋骨	레이 꾸
고막	耳膜	얼 모어
달팽이관	耳蜗	얼 워
뇌	脑	나오
폐	肺	페이
간	肝	깐
심장	心脏	신 장
다리뼈	腿骨	투이 꾸
근육	肌肉	지 로우
위	胃	웨이
대장	大肠	다 창
식도	食管	쓰 꾸안

관련단어 47쪽

건강하다	健康	지엔 캉
근시	近视	진 쓰
난시	散光	상 꾸앙
대머리	秃头	투 토우
동맥	动脉	똥 마이
정맥	静脉	징 마이
맥박	脉搏	마이 보
체중	体重	티 쭝
세포	细胞	시 바오
소화하다	消化	시아오 후아
시력	视力	쓰 리
주름살	皱纹	쪼우 원
지문	指纹	쯔 원

Unit 02 병명 49쪽

천식	哮喘	씨아오 추안
고혈압	高血压	까오 쉬에 야
소화불량	消化不良	씨아오 후아 뿌 리앙
당뇨병	糖尿病	탕 니아오 삥
생리통	痛经	통 징
알레르기	过敏	꾸오 민
심장병	心脏病	씬 장 삥
맹장염	阑尾炎	란 웨이 엔
위염	胃炎	웨이 엔
감기	感冒	깐 마우
배탈	闹肚子	나오 뚜 즈
설사	腹泻	푸 씨에
장티푸스	伤寒	쌍 한
결핵	结核	지에 허
고산병	高原反应	까오 위엔 판 잉
광견병	狂犬病	쿠앙 취엔 삥
뎅기열	登革热	떵 꺼 러
저체온증	体温过低症	티 원 꾸오 띠 쩡
폐렴	肺炎	페이 엔
식중독	食物中毒	쓰 우 쭝 뚜
기관지염	支气管炎	쯔 치 꾸안 엔
열사병	中暑	쭝 쑤
치통	牙痛	야 통
간염	肝炎	깐 엔
고열	高烧	까오 싸오
골절	骨折	꾸 쩌
기억상실증	失忆症	쓰 이 쩡
뇌졸중	脑中风	나오 쭝 펑
독감	流感	리우 깐
두통	头痛	토우 통
마약중독	毒品中毒	뚜 핀 쭝 뚜
불면증	失眠症	쓰 미엔 쩡

비만	肥胖	페이 팡
거식증	厌食症	엔 쓰 쩡
우두	牛痘	니우 또우
암	癌	아이
천연두	天花	티엔 후아
빈혈	贫血	핀 쉬에

관련단어 52쪽

가래	痰液	탄 예
침	唾沫	투오 모어
열	热病	르어 삥
여드름	痘痘	도우 도우
블랙헤드	黑头	헤이 토우
알레르기 피부	过敏性皮肤	꾸오 민 싱 피 푸
콧물	鼻涕	삐 티
눈물	眼泪	엔 레이
눈곱	眼眵	엔 츠
치질	痔疮	쯔 추앙
모공	毛孔	마오 콩
각질	角质	지아오 쯔
피지	皮脂	피 쯔
코딱지	鼻屎	삐 쓰

Unit 03 약명 53쪽

아스피린	阿司匹林	아 스 피 린
소화제	消化药	씨아오 후아 야오
위장약	肠胃药	창 웨이 야오
반창고	创可贴	추앙 커 티에
수면제	安眠药	안 미엔 야오
진통제	镇痛剂	쩡 통 찌
해열제	退烧药	투이 싸오 야오
멀미약	晕车药	윤 처 야오
우황청심환	牛黄清心丸	니우 후앙 칭 씬 완
기침약	止咳药	쯔 커 야오
지혈제	止血剂	쯔 쉬에 지
탈수방지약	防脱水药	팡 투오 쑤이 야오
소염제	消炎药	씨아오 엔 야오
소독약	消毒药	씨아오 뚜 야오
변비약	便秘药	삐엔 미 야오
안약	眼药水	엔 야오 쑤이
붕대	绷带	뻥 따이
설사약	泻药	씨에 야오
감기약	感冒药	깐 마오 야오
비타민	维生素	웨이 썽 수
영양제	营养剂	잉 양 지
무좀약	脚气药	찌아오 치 야오

관련단어 54쪽

건강검진	健康检查	지엔 캉 지엔 차
내과의사	内科医生	네이 커 이 썽
노화	老化	라오 후아
면역력	免疫力	미엔 이 리
백신(예방) 접종	疫苗接种	이 미아오 지에 쫑
병실	病房	삥 팡
복용량	剂量	지 리앙
부상	受伤	쏘우 쌍
부작용	副作用	푸 주오 용
산부인과 의사	产科医生	찬 커 이 썽
낙태	堕胎	뚜오 타이
소아과 의사	儿科大夫	얼 커 따이 푸
식욕	食欲	쓰 위
식이요법	饮食疗法	인 쓰 리아오 파
수술	手术	쏘우 쑤

외과의사	外科医生	와이 커 이 씽
치과의사	牙科医生	야 커 이 씽
약국	药店	야오 띠엔
약사	药剂师	야오 지 쓰
의료보험	医疗保险	이 리아오 빠오 씨엔
이식하다	移植	이 쯔
인공호흡	人工呼吸	런 꿍 후 시
종합병원	综合医院	쫑 허 이 위엔
침을 놓다	扎针	짜 쩐
중환자실	重症监护室	쫑 쩡 지엔 후 쓰
응급실	急救室	지 지에 쓰
처방전	处方笺	추 팡 지엔
토하다	吐	투
어지럽다	晕	윈
속이 메스껍다	恶心	으어 신

Unit 04 생리현상　　　　　　　　57쪽

트림	嗝	꺼
재채기	喷嚏	펀 티
한숨	叹气	탄 치
딸꾹질	呃逆	으어 니
하품	哈欠	하 치엔
눈물	眼泪	엔 레이
대변	大便	따 삐엔
방귀	屁	피
소변	小便	시아오 삐엔

Chapter 03 감정, 행동 표현

Unit 01 감정　　　　　　　　58쪽

사랑해요	爱	아이
통쾌해요	痛快	퉁 쿠아이
흥분했어요	兴奋	씽 펀
재미있어요	有意思	요우 이 스
행복해요	幸福	씽 푸
즐거워요	快乐	쿠아이 러
좋아요	好	하오
기뻐요	高兴	까오 씽
힘이 나요	产生力量	찬 썽 리 리앙
뿌듯해요	满意	만 이
짜릿해요	麻酥酥	마 수 수
감격했어요	感动	깐 뚱
부끄러워요	不好意思	뿌 하오 이 스
난처해요	为难	웨이 난
외로워요	寂寞	지 모
재미없어요	真没意思	쩐 메이 이 스
화났어요	生气	썽 치
무서워요	害怕	하이 파
불안해요	不安	뿌 안
피곤해요	累	레이
싫어요	讨厌	타오 엔
불쾌해요	令人不快的	링 런 뿌 쿠아이 더
괴로워요	难受	난 쏘우
지루해요	枯燥	쿠 자오
슬퍼요	哀伤	아이 쌍
억울해요	委屈	웨이 취
비참해요	悲惨	뻬이 찬
짜증나요	恼火	난 후오
초조해요	焦急	지아오 지
무기력해요	软弱无力	루안 루오 우 리
부담스러워요	负担	푸 딴
놀랐어요	吃惊	츠 징
고마워요	谢谢	씨에 씨에
행운을 빕니다	祝你好运	푸 니 하오 운
질투 나요	嫉妒	지 두

Unit 02 칭찬 — 61쪽

한국어	중국어	발음
멋져요	真帅!	쩐 쑤아이
훌륭해요	了不起!	리아오 뿌 치
굉장해요	太棒了!	타 빵 러
대단해요	很厉害!	헌 리 하이
귀여워요	很可爱!	헌 커 아이
예뻐요	很漂亮!	헌 피아오 리앙
아름다워요	很美丽!	헌 메이 리
최고예요	最棒了!	주이 빵 러
참 잘했어요	真的做得很好!	쩐 더 주오 더 헌 하오

Unit 03 행동 — 62쪽

한국어	중국어	발음
세수하다	洗脸	시 리엔
청소하다	打扫	다 사오
자다	睡觉	쑤이 지아오
일어나다	起床	치 추앙
빨래하다	洗衣	시 이
먹다	吃	츠
마시다	喝	허
요리하다	做饭	주오 판
설거지하다	洗碗	시 완
양치질하다	刷牙	쑤아 야
샤워하다	洗澡	시 자오
옷을 입다	穿衣服	추안 이 푸
옷을 벗다	脱衣服	투오 이 푸
쓰레기를 버리다	倒垃圾	다오 라 지
창문을 열다	打开窗户	다 카이 추앙 후
창문을 닫다	关上窗户	꾸안 쌍 추앙 후
불을 켜다	开灯	카이 덩
불을 끄다	关灯	꾸안 덩
오다	来	라이
가다	去	취
앉다	坐	주오
서다	站	짠
걷다	走	조우
달리다	跑	파오
놀다	玩	완
일하다	工作	꽁 주오
웃다	笑	씨아오
울다	哭	쿠
나오다	出来	추 라이
들어가다	进去	진 취
묻다	问	원
대답하다	回答	후이 다
멈추다	停止	틴 쯔
움직이다	动	똥
올라가다	上去	쌍 취
내려가다	下去	시아 취
박수치다	鼓掌	꾸 짱
찾다	找	짜오
흔들다	摇	야오
춤추다	跳舞	티아오 우
뛰어오르다	跳上去	티아오 쌍 취
넘어지다	摔倒	쑤아이 따오
읽다	读	두
싸우다	打架	다 찌아
말다툼하다	吵架	차오 찌아
인사	打招呼	다 짜오 후
대화	对话	두이 후아
쓰다	写	시에
던지다	扔	렁
잡다	拿	나

관련단어 — 65쪽

한국어	중국어	발음
격려하다	鼓励	꾸 리
존경하다	尊敬	준 징
지지하다	支持	쯔 츠

한국어	中文	발음
주장하다	主张	쭈 짱
추천하다	推荐	투이 지엔
경쟁하다	竞争	징 쩡
경고하다	警告	징 까오
설득하다	说服	쑤오 푸
찬성하다	赞成	잔 청
반대하다	反对	판 두이
재촉하다	催促	추이 추
관찰하다	观察	꾸안 차
상상하다	想象	시앙 시앙
기억하다	记住	지 쭈
의식하다	意识	이 쓰
추상적이다	抽象的	초우 시앙 더
후회하다	后悔	호우 후이
신청하다	报名	빠오 밍
약속하다	约定	위에 띵
논평하다	点评	디엔 핑
속삭이다	说悄悄话	쑤오 치아오 치아오 후아
허풍을 떨다	吹牛	추이 니우

Unit 04 인사 67쪽

한국어	中文	발음
안녕하세요	你好	니 하오
아침인사 (안녕하세요)	早上好	자오 쌍 하오
점심인사 (안녕하세요)	中午好	쫑 우 하오
저녁인사 (안녕하세요)	下午好	씨아 우 하오
처음 뵙겠습니다	初次见面	추 츠 지엔 미엔
잘 부탁드립니다	请多多关照	칭 뚜오 뚜오 꾸안 짜오
잘 지내셨어요	你过得好吗	니 꾸오 더 하오 마
만나서 반갑습니다	见到您很高兴	지엔 따오 닌 헌 까오 씽
오랜만이에요	真的好久不见了	쩐 더 하오 지우 뿌 지엔 러
안녕히 가세요	请慢走	칭 만 조우
또 만나요	再见	자이 지엔
안녕히 주무세요	晚安	완 안

Unit 05 축하 69쪽

한국어	中文	발음
생일 축하합니다	生日快乐	썽 르 쿠아이 러
결혼 축하합니다	结婚快乐	지엔 훈 쿠아이 러
합격 축하합니다	恭祝金榜题名	꽁 푸 진 빵 티 밍
졸업 축하합니다	祝贺你毕业了	푸 허 니 비 에 러
명절 잘 보내세요	节日快乐	지에 르 쿠아이 러
새해 복 많이 받으세요	新年快乐	씬 니엔 쿠아이 러
즐거운 성탄절 되세요	圣诞节快乐	썽 딴 지에 쿠아이 러
부자 되세요	恭喜发财	꽁 시 파 차이

Chapter 04 교육

Unit 01 학교 70쪽

한국어	中文	발음
유치원	幼儿园	요우 얼 위엔
초등학교	小学	시아오 쉬에
중학교	中学	쫑 쉬에
고등학교	高中	까오 쫑
대학교	大学	따 쉬에
학사	学士	쉬에 쓰
석사	硕士	쑤오 쓰
박사	博士	뽀 쓰
대학원	研究生院	엔 지우 썽 위엔

관련단어 71쪽

한국어	중국어	발음
학원	补习班	뿌 시 빤
공립학교	公立学校	꽁 리 쉬에 시아오
사립학교	私立学校	스 리 쉬에 시아오
교장	校长	시아오 쨩
학과장	系主任	시 쭈 런
신입생	新生	신 썽
학년	年级	니엔 지

Unit 02 학교시설 72쪽

한국어	중국어	발음
교정	校园	시아오 위엔
교문	校门	시아오 먼
운동장	运动场	윈 동 창
교장실	校长室	시아오 쨩 쓰
사물함	储物柜	추 우 꾸이
강의실	讲堂	지앙 탕
화장실	洗手间	시 쏘우 지엔
교실	教室	지아오 쓰
복도	走廊	조우 랑
도서관	图书馆	투 쑤 꽌
식당	食堂	쓰 탕
기숙사	宿舍	수 써
체육관	体育馆	티 위 꽌
매점	小卖店	시아오 마이 디엔
교무실	教务室	지아오 우 쓰
실험실	实验室	쓰 엔 쓰

Unit 03 교과목 및 관련 단어 74쪽

한국어	중국어	발음
중국어	汉语	한 위
영어	英语	잉 위
일본어	日语	르 위
철학	哲学	쩌 쉬에
문학	文学	원 쉬에
수학	数学	쑤 쉬에
경제	经济	징 지
상업	商业	쌍 예
기술	技术	지 쑤
지리	地理	띠 리
건축	修筑	시우 쭈
생물	生物	썽 우
화학	化学	후아 쉬에
천문학	天文学	티엔 원 쉬에
역사	历史	리 쓰
법률	法律	파 뤼
정치학	政治学	쩡 쯔 쉬에
사회학	社会学	써 후이 쉬에
음악	音乐	인 위에
체육	体育	티 위
윤리	伦理	룬 리
물리	物理	우 리
받아쓰기	听写	팅 시에
중간고사	期中考试	치 쭝 카오 쓰
기말고사	期考	치 카오
장학금	奖学金	지앙 쉬에 진
입학	入学	루 쉬에
졸업	毕业	비 예
숙제	作业	쭈오 예
시험	考试	카오 쓰
논술	论述	룬 쑤
채점	阅卷	위에 쥐엔
전공	专业	쭈안 예
학기	学期	쉬에 치
등록금	学费	쉬에 페이
컨닝	作弊	쭈오 삐

Unit 04 학용품 79쪽

한국어	중국어	발음
공책(노트)	笔记本	삐 지 뻔
지우개	橡皮	씨앙 피
볼펜	圆珠笔	위엔 쭈 삐
연필	铅笔	치엔 삐
노트북	笔记本电脑	삐 지 뻔 디엔 나오
책	书	쑤
칠판	黑板	헤이 반
칠판지우개	黑板擦	헤이 반 차
필통	铅笔盒	치엔 삐 허
샤프	自动铅笔	즈 동 치엔 삐
색연필	彩色铅笔	차이 서 치엔 삐
압정	图钉	튜 딩
만년필	钢笔	깡 삐
클립	曲别针	취 삐에 쩐
연필깎이	削笔器	시아오 삐 치
크레파스	蜡笔	라 삐
화이트	修正液	시우 쩡 예
가위	剪刀	지엔 따오
풀	胶水	지아오 쑤이
물감	颜料	엔 리아오
잉크	钢笔水	깡 삐 쑤이
자	尺	츠
스테이플러	订书机	딩 쑤 지
스케치북	素描簿	수 미아오 뿌
샤프심	自动铅笔芯	즈 똥 치엔 삐 신
칼	刀	따오
파일	文件夹	원 지엔 지아
매직펜	油性笔	요우 싱 삐
사인펜	签字笔	치엔 즈 삐
형광펜	荧光笔	잉 꾸앙 삐
테이프	胶布	지아오 뿌
콤파스	圆规	위엔 꾸이

Unit 05 부호 82쪽

한국어	중국어	발음
더하기	加	지아
빼기	减	지엔
나누기	除	추
곱하기	乘	청
크다/작다	大于/小于	따 위 / 시아오 위
같다	等号	덩 하오
마침표	句号	쥐 하오
느낌표	惊叹号	징 탄 하오
물음표	问号	원 하오
하이픈	连字符	리엔 즈 푸
콜론	冒号	마오 하오
세미콜론	分号	펀 하오
따옴표	双引号	쑤앙 인 하오
생략기호	省略号	썽 뤼에 하오
at/골뱅이	艾特	아이 터
루트	根号	껀 하오
슬러쉬	斜杠	시에 깡

Unit 06 도형 84쪽

한국어	중국어	발음
정사각형	正方形	쩡 팡 싱
삼각형	三角形	산 지아오 싱
원	圆形	위엔 싱
사다리꼴	梯形	티 싱
원추형	圆锥形	위엔 쭈이 싱
다각형	多角形	뚜오 지아오 싱
부채꼴	扇形	싼 싱
타원형	椭圆形	투오 위엔 싱
육각형	六边形	리우 삐엔 싱
오각형	五边形	우 삐엔 싱
원기둥	圆柱体	위엔 쭈 티
평행사변형	平行四边形	핑 싱 스 삐엔 싱
각뿔	角锥	지아오 쭈이

Unit 07 숫자　　　　　　　　　86쪽

영	零	링
하나	一	이
둘	二, 两	얼, 리앙
셋	三	산
넷	四	스
다섯	五	우
여섯	六	리우
일곱	七	치
여덟	八	빠
아홉	九	지우
열	十	쓰
이십	二十	얼 쓰
삼십	三十	산 쓰
사십	四十	스 쓰
오십	五十	우 쓰
육십	六十	리우 쓰
칠십	七十	치 쓰
팔십	八十	빠 쓰
구십	九十	지우 쓰
백	百	빠이
천	千	치엔
만	万	완
십만	十万	쓰 완
백만	一百万	이 빠이 완
천만	千万	치엔 완
억	亿	이
조	兆	쟈오

Unit 08 양사　　　　　　　　　88쪽

명	个人	꺼 런
마리	只	쯔
개	个	꺼
잔	杯	뻬이
병	瓶	핑
장	张	짱
분	位	웨이
권	本	뻔
켤레, 짝	双	쑤앙
벌(옷이나 의류)	件	지엔
줄기(강, 길, 밧줄, 생선 등 기다란 것)	条	티아오
대(기계나 가전제품)	台	타이

Chapter 05 계절/월/요일

Unit 01 계절　　　　　　　　　90쪽

봄	春天	춘 티엔
여름	夏天	씨아 티엔
가을	秋天	치우 티엔
겨울	冬天	똥 티엔

Unit 02 요일　　　　　　　　　91쪽

월요일	星期一	씽 치 이
화요일	星期二	씽 치 얼
수요일	星期三	씽 치 산
목요일	星期四	씽 치 스
금요일	星期五	씽 치 우
토요일	星期六	씽 치 리우
일요일	星期天	씽 치 티엔

Unit 03 월　　　　　　　　　　92쪽

1월	一月	이 위에
2월	二月	얼 위에
3월	三月	산 위에
4월	四月	스 위에
5월	五月	우 위에
6월	六月	리우 위에
7월	七月	치 위에

한국어	중국어	발음
8월	八月	빠 위에
9월	九月	지우 위에
10월	十月	쓰 위에
11월	十一月	쓰 이 위에
12월	十二月	쓰 얼 위에

Unit 04 일　　　　　　　　　　　　　93쪽

한국어	중국어	발음
1일	一号	이 하오
2일	二号	얼 하오
3일	三号	산 하오
4일	四号	스 하오
5일	五号	우 하오
6일	六号	리우 하오
7일	七号	치 하오
8일	八号	빠 하오
9일	九号	지우 하오
10일	十号	쓰 하오
11일	十一号	쓰 이 하오
12일	十二号	쓰 얼 하오
13일	十三号	쓰 산 하오
14일	十四号	쓰 스 하오
15일	十五号	쓰 우 하오
16일	十六号	쓰 리우 하오
17일	十七号	쓰 치 하오
18일	十八号	쓰 빠 하오
19일	十九号	쓰 지우 하오
20일	二十号	얼 쓰 하오
21일	二十一号	얼 쓰 이 하오
22일	二十二号	얼 쓰 얼 하오
23일	二十三号	얼 쓰 산 하오
24일	二十四号	얼 쓰 스 하오
25일	二十五号	얼 쓰 우 하오
26일	二十六号	얼 쓰 리우 하오
27일	二十七号	얼 쓰 치 하오
28일	二十八号	얼 쓰 빠 하오
29일	二十九号	얼 쓰 지우 하오
30일	三十号	산 쓰 하오
31일	三十一号	산 쓰 이 하오

관련단어　　　　　　　　　　　　95쪽

한국어	중국어	발음
달력	挂历	꾸아 리
다이어리	日记簿	리 찌 뿌
춘절	春节	춘 지에
단오절	端午节	두안 우 지에
노동절	劳动节	라오 동 지에
크리스마스	圣诞节	썽 단 지에
입춘	立春	리 춘
청명절	清明节	칭 밍 지에
중추절(추석)	中秋节	쫑 치우 지에
국경절	国庆节	꾸오 칭 지에
칠월칠석	七夕节 (7.7)	치 시 지에

Unit 05 시간　　　　　　　　　　　　96쪽

한국어	중국어	발음
새벽	凌晨	링 천
아침	早上	자오 쌍
오전	上午	쌍 우
점심	中午	쫑 우
오후	下午	시아 우
저녁	晚上	완 쌍
밤	夜	예
시	点	디엔
분	分	펀
초	秒	미아오
어제	昨天	주오 티엔
오늘	今天	진 티엔
내일	明天	밍 티엔
내일모레	后天	호우 티엔
반나절	半天	빤 티엔
하루	一天	이 티엔

관련단어		98쪽
지난주	上个星期	쌍 꺼 싱 치
이번 주	这个星期	쩌 꺼 싱 치
다음 주	下个星期	시아 꺼 싱 치
일주일	一周	이 쩌우
한 달	一个月	이 꺼 위에
일 년	一年	이 니엔

Chapter 06 자연과 우주

Unit 01 날씨 표현		100쪽
맑다	晴天	칭 티엔
따뜻하다	暖和	누안 후오
화창하다	风和日丽	펑 허 르 리
덥다	热	르어
흐리다	阴天	인 티엔
안개 끼다	起雾	치 우
비가 오다	下雨	씨아 위
비가 그치다	雨停了	위 팅 러
습하다	潮湿	차오 쓰
무지개가 뜨다	出彩虹	추 차이 훙
장마철이다	梅雨季节	메이 위 지 지에
천둥 치다	打雷	따 레이
번개 치다	打闪	따 싼
바람이 불다	刮风	꾸아 펑
시원하다	凉快	리앙 쿠아이
태풍이 몰아치다	刮台风	꾸아 타이 펑
눈이 내리다	下雪	씨아 쉬에
얼음이 얼다	上冻	쌍 똥
선선하다	凉爽	리앙 쑤앙
쌀쌀하다	凉飕飕	리앙 소우 소우
춥다	冷	렁
서리가 내리다	下霜	시아 쑤앙

Unit 02 날씨 관련		102쪽
해	太阳	타이 양
구름	云	윈
비	雨	위
바람	风	펑
눈	雪	쉬에
고드름	冰凌子	삥 링 즈
별	星	씽
달	月	위에
우주	宇宙	위쪼우
우박	冰雹	삥 빠오
홍수	洪水	훙 쒜이
가뭄	干旱	깐 한
지진	地震	디 쩐
자외선	紫外线	즈 와이 시엔
열대야	热带夜	르어 다이 예
오존층	臭氧层	초우 양 청
화산(화산폭발)	火山(火山爆发)	후오 싼(후오 싼 빠오 파)

관련단어		103쪽
토네이도	龙卷风	룽 쥐엔 펑
고기압	高气压	까오 치 야
한랭전선	冷锋	렁 펑
온도	温度	원 두
한류	寒流	한 리우
난류	暖流	누안 리우
저기압	低气压	디 치 야
일기예보	天气预报	티엔 치 위 빠오
계절	季节	지 지에
화씨	华氏	후아 쓰
섭씨	摄氏	써 쓰
연무	雾霾	우 마이
아지랑이	地气	띠 치
서리	霜	쑤앙

진눈깨비	雨夹雪	위 지아 쉬에
강우량	降雨量	지앙 위 리앙
미풍	微风	웨이 펑
돌풍	急风	지 펑
폭풍	暴风	빠오 펑
대기	大气	다 치
공기	空气	콩 치

Unit 03 우주 환경과 오염　　　105쪽

지구	地球	디 치우
수성	水星	쑤이 싱
금성	金星	진 싱
화성	火星	후오 싱
목성	木星	무 싱
토성	土星	투 싱
천왕성	天王星	티엔 왕 싱
명왕성	冥王星	밍 왕 싱
태양계	太阳系	타이 양 시
외계인	外星人	와이 싱 런
행성	行星	싱 싱
은하계	银河系	인 허 시
북두칠성	北斗七星	뻬이 도우 치 싱
카시오페이아	仙后座	시엔 호우 주오
큰곰자리	大熊星座	다 시웅 싱 주오
작은곰자리	小熊星座	시아오 시웅 주오
환경	环境	후안 징
파괴	破坏	포 후아이
멸망	灭亡	미에 왕
재활용	可回收	커 후이 쏘우
쓰레기	垃圾	라 지
쓰레기장	垃圾场	라 지 창
하수	污水	우 쑤이
폐수	废水	페이 쑤이
오염	污染	우 란
생존	生存	썽 춘
자연	自然	즈 란
유기체	有机体	요우 지 티
생물	生物	썽 우
지구온난화	全球变暖	취엔 치우 삐엔 누안
보름달	满月	만 위에
반달	弦月	시엔 위에
초승달	新月	신 위에
유성	流星	리우 싱
위도	纬度	웨이 두
경도	经度	징 두
적도	赤道	츠 다오
일식	日食	르 쓰

Unit 04 동식물　　　108쪽

포유류	哺乳类	뿌 루 레이
사슴	鹿	루
고양이	猫	마오
팬더(판다)	熊猫	씨옹 마오
사자	狮子	쓰 즈
호랑이	老虎	라오 후
기린	长颈鹿	창 징 루
곰	熊	씨웅
다람쥐	松鼠	송 쑤
낙타	骆驼	루오 투오
염소	山羊	싼 양
표범	豹子	빠오 즈
여우	狐狸	후 리
늑대	狼	랑
고래	鲸鱼	징 위
코알라	树袋熊	쑤 다이 시웅
양	羊	양
코끼리	大象	따 시앙

한국어	中文	발음	한국어	中文	발음
돼지	猪	쭈	조류	鸟类	니아오 레이
말	马	마	독수리	雕	띠아오
원숭이	猴子	호우 즈	박쥐	蝙蝠	삐엔 푸
하마	河马	허 마	부엉이	猫头鹰	마오 토우 잉
얼룩말	斑马	빤 마	매	隼	순
북극곰	北极熊	베이 지 시옹	까치	鹊	취에
바다표범	海豹	하이 빠오	까마귀	乌鸦	우 야
두더지	鼹鼠	엔 쑤	참새	麻雀	마 취에
개	狗	꼬우	학	鹤	허
코뿔소	犀牛	씨 니우	오리	鸭子	야 즈
쥐	鼠	쑤	펭귄	企鹅	치 으어
소	牛	니우	제비	燕子	엔 즈
토끼	兔子	투 즈	닭	鸡	지
레드판다	小熊猫	씨아오 씨옹 마오	공작	孔雀	콩 취에
캥거루	袋鼠	다이 쑤	앵무새	鹦鹉	잉 우
			기러기	大雁	따 엔
곤충/거미류	虫类/蜘蛛类	총 레이 / 쯔 푸 레이	거위	鹅	으어
			비둘기	鸽子	꺼 즈
모기	蚊子	원 즈	딱따구리	啄木鸟	쪼우 무 니아오
파리	苍蝇	창 잉			
벌	蜜蜂	미 펑	파충류/양서류	爬虫类/两栖类	파 총 레이 / 리앙 치 레이
잠자리	蜻蜓	칭 팅			
거미	蜘蛛	쯔 푸	보아뱀	蟒蛇	망 써
매미	蝉	찬	달팽이	蜗牛	워 니우
바퀴벌레	蟑螂	짱 랑	도마뱀	蜥蜴	씨 이
귀뚜라미	蟋蟀	시 쑤아이	이구아나	鬣蜥	리에 시
풍뎅이	金龟子	진 꾸이 즈	코브라	眼镜蛇	엔 징 써
무당벌레	瓢虫	피아오 총	두꺼비	蟾蜍	찬 추
반딧불이	萤火虫	잉 후오 총	올챙이	蝌蚪	커 또우
메뚜기	蝗虫	후앙 총	도롱뇽	小鲵	시아오 니
개미	蚂蚁	마 이	개구리	青蛙	칭 와
사마귀	螳螂	탕 랑	악어	鳄鱼	으어 위
나비	蝴蝶	후 띠에	거북이	乌龟	우 꾸이
전갈	蝎子	씨에 즈	뱀	蛇	써
소금쟁이	水黾	쑤이 민	지렁이	蚯蚓	치우 인
			카멜레온	变色龙	삐엔 서 롱

관련단어 113쪽

한국어	中文	발음
더듬이	触角	추 지아오
번데기	蛹	용
알	蛋	단
애벌레	毛毛虫	마오 마오 총
뿔	角	지아오
발톱	脚趾甲	지아오 쯔 지아
꼬리	尾巴	웨이 빠
발굽	蹄	티
동면	冬眠	동 미엔
부리	鸟喙	니아오 후이
깃털	羽毛	위 마오
날개	翅膀	츠 빵
둥지	鸟巢	니아오 차오
어류/연체동물/갑각류	鱼类/软体动物/甲壳纲	위 레이 / 루안 티 동 우 / 지아 커 깡
연어	三文鱼	산 원 위
잉어	鲤鱼	리 위
쉬리	高丽雅罗鱼	까오 리 야 루오 위
대구	鳕鱼	쉬에 위
붕어	鲫鱼	지 위
복어	河豚	허 툰
문어	章鱼	짱 위
오징어	鱿鱼	요우 위
꼴뚜기	墨斗鱼	모 도우 위
낙지	乌贼	우 제이
게	蟹	씨에
새우	虾	씨아
가재	龙虾	롱 씨아
메기	鲇鱼	니엔 위
상어	鲨鱼	싸 위
해파리	水母	쉬이 무
조개	贝壳	뻬이 커
불가사리	海星	하이 씽

관련단어 115쪽

한국어	中文	발음
비늘	鳞片	린 피엔
아가미	鳃	사이
물갈퀴	蹼	푸
지느러미	鳍	치
식물(꽃/풀/야생화/나무)	植物(花/草/野花/树)	쯔 우 (후아 / 차오 / 예 후아 / 쑤)
무궁화	木槿花	무 진 후아
코스모스	波斯菊	보 스 쥐
수선화	水仙	쒸이 씨엔
장미	玫瑰	메이 꾸이
데이지	雏菊	추 쥐
아이리스	鸢尾花	위엔 웨이 후아
동백꽃	茶花	차 후아
벚꽃	樱花	잉 후아
나팔꽃	喇叭花	라 빠 후아
라벤더	熏衣草	쉰 이 차오
튤립	郁金香	위 진 씨앙
제비꽃	紫罗兰花	즈 루오 란 후아
안개꽃	满天星	만 티엔 싱
해바라기	向日葵花	시앙 르 쿠이 후아
진달래	杜鹃花	뚜 쥐엔 후아
민들레	蒲公英	푸 꽁 잉
캐모마일	黄春菊	후앙 춘 쥐
클로버	三叶草(3잎)/四叶草(4잎)	산 예 차오 / 스 예 차오
강아지풀	狗尾草	꼬우 웨이 차오
갈퀴나물	豌豆	완 도우
고사리	蕨菜	쥐에 차이
잡초	杂草	자 차오
억새풀	芒草	망 차오
소나무	松树	송 쑤

메타세콰이아	水杉	쑤이 싼
감나무	柿子树	쓰 즈 쑤
사과나무	苹果树	핑 꾸오 쑤
석류나무	石榴树	쓰 리우 쑤
밤나무	栗子树	리 즈 쑤
은행나무	银杏树	인 싱 쑤
배나무	梨树	리 쑤
양귀비꽃	罂粟花	잉 수 후아

관련단어 118쪽

뿌리	根	껀
잎	叶	예
꽃봉오리	花蕾	후아 레이
꽃말	花语	후아 위
꽃가루	花粉	후아 펀
개화기	开花期	카이 후아 치
낙엽	落叶	루오 예
단풍	枫叶	펑 예
거름	肥料	페이 리아오
줄기	梗	껑

Chapter 07 주거 관련

Unit 01 집의 종류 120쪽

아파트	公寓	꽁 위
전원주택	田园住宅	티엔 위엔 쭈 짜이
일반주택	普通住宅	푸 통 쭈 짜이
다세대주택	单元房	단 위엔 팡
오피스텔	商务楼	쌍 우 로우
오두막집	窝棚	워 펑
중국가옥 (사합원)	四合院	스 허 위엔
별장	别墅	삐에 쑤
하숙집	寄宿房	지 수 팡
태산의 전통 가옥	泰山的传统 房屋	타이 싼 더 추 안 통 팡 우
안후이성의 민가	安徽省的 民宅	안 후이 썽 더 민 짜이

관련단어 121쪽

살다	生活	썽 후오
주소	地址	디 쯔
임차인	租借人	주 지에 런
임대인	出租人	추 주 런
가정부	保姆	빠오 무
월세	月租金	위에 주 진

Unit 02 집의 부속물 122쪽

대문	大门	따 먼
담	院墙	위엔 치앙
정원	庭院	팅 위엔
우편함	信箱	신 시앙
차고	车库	처 쿠
진입로	进入路	진 루 루
굴뚝	烟囱	엔 총
지붕	房顶	팡 딩
계단	阶梯	지에 티
벽	墙	치앙
테라스	阳台	양 타이
창고	仓库	창 쿠
다락방	阁楼	꺼 로우
옥상	楼顶	로우 딩
현관	玄关	쉬엔 꾸안
지하실	地下室	디 시아 쓰
위층	楼上	로우 쌍
아래층	楼下	로우 시아
안마당 뜰	前院	치엔 위엔
기둥	柱子	쭈 즈
울타리	篱笆	리 빠
자물쇠	锁	수오

Unit 03 거실용품　　　　　124쪽

한국어	中文	발음
거실	客厅	커 팅
창문	窗户	추앙 후
책장	书架	쑤 지아
마루	地板	디 빤
카펫	地毯	띠 탄
테이블	桌子	쭈오 즈
장식장	装饰柜	쭈앙 쓰 꾸이
에어컨	空调	콩 티아오
소파	沙发	싸 파
커튼	窗帘	추앙 리엔
달력	挂历	꾸아 리
액자	画框	후아 쿠앙
시계	表	삐아오
벽난로	壁炉	삐 루
꽃병	花瓶	후아 핑
텔레비전	电视机	띠엔 쓰 지
컴퓨터	电脑	띠엔 나오
노트북	笔记本电脑	삐 지 뻔 띠엔 나오
진공청소기	吸尘器	시 천 치
스위치를 끄다	关闭开关	꾸안 삐 카이 꾸안
스위치를 켜다	打开开关	다 카이 카이 꾸안

Unit 04 침실용품　　　　　126쪽

한국어	中文	발음
침대	床	추앙
자명종/알람시계	闹钟	나오 쫑
매트리스	床垫	추앙 디엔
침대시트	床单	추앙 단
슬리퍼	拖鞋	투오 시에
이불	被子	뻬이 즈
베개	枕头	쩐 토우
화장대	梳妆台	쑤 쭈앙 타이
화장품	化妆品	후아 쭈앙 핀
옷장	衣橱	이 추
잠옷	睡衣	쑤이 이
쿠션	靠垫	카오 디엔
쓰레기통	垃圾桶	라 지 통
천장	天花板	티엔 후아 빤
전등	电灯	띠엔 떵
스위치	开关	카이 꾸안
공기청정기	空气净化器	콩 치 징 후아 치
일어나다	起床	치 추앙
자다	睡觉	쑤이 지아오

Unit 05 주방　　　　　128쪽

한국어	中文	발음
냉장고	冰箱	삥 씨앙
전자레인지	微波炉	웨이 뽀 루
환풍기	换气扇	후안 치 쑤안
가스레인지	煤气灶	메이 치 자오
싱크대	洗涤槽	씨 띠 차오
주방조리대	厨房烹饪台	추 팡 펑 런 타이
오븐	烤箱	카오 시앙
수납장	橱柜	추 꾸이
접시걸이선반	放盘架	팡 판 지아
식기세척기	洗碗机	시 완 지
에어컨	空调	콩 티아오

Unit 06 주방용품　　　　　130쪽

한국어	中文	발음
도마	案板	안 빤
프라이팬	平底锅	핑 디 꾸오
믹서기	搅拌器	지아오 빤 치
주전자	水壶	쑤이 후
앞치마	围裙	웨이 췬
커피포트	咖啡壶	카 페이 후
전기밥솥	电饭煲	디엔 판 빠오
뒤집개	锅铲	꾸오 찬

한국어	中文	발음
주걱	饭勺	판 싸오
칼	刀	다오
머그컵	马克杯	마 커 베이
토스터기	电烤面包器	디엔 카오 미엔 빠오 치
국자	汤勺	탕 싸오
냄비	汤锅	탕 꾸오
수세미	洗碗刷	시 완 쑤아
주방세제	洗洁精	시 지에 징
알루미늄호일	铝箔	루 뽀
병따개	开瓶器	카이 핑 치
젓가락	筷子	쿠아이 즈
포크	叉子	챠 즈
숟가락	勺子	싸오 즈
접시	盘子	판 즈
소금	盐	엔
후추	胡椒	후 지아오
조미료	调料	티아오 리아오
음식을 먹다	吃东西	츠 둥 시

Unit 07 욕실용품 133쪽

한국어	中文	발음
거울	镜子	징 즈
드라이기	吹风机	추이 펑 지
세면대	洗脸池	씨 리엔 츠
면도기	刮胡刀	꾸아 후 따오
면봉	棉签	미엔 치엔
목욕바구니	浴筐	위 쿠앙
바디로션	润肤露	룬 푸 루
배수구	排水口	파이 쑤이 코우
변기	马桶	마 통
비누	香皂	씨앙 자오
욕실커튼	浴帘	위 리엔
빗	梳子	쑤 즈
샤워가운	浴袍	위 파오
샤워기	淋浴器	린 위 치
샴푸	洗发水	씨 파 쑤이
린스	护发素	후 파 수
수건걸이	毛巾架	마오 진 지아
수건	毛巾	마오 진
수도꼭지	水龙头	쑤이 롱 토우
욕실매트	浴室地垫	위 쓰 디 디엔
욕조	浴缸	위 깡
체중계	体重计	티 쭝 지
치약	牙膏	야 까오
칫솔	牙刷	야 쑤아
화장지	卫生纸	웨이 셩 쯔
치실	牙线	야 시엔

관련단어 135쪽

한국어	中文	발음
이를 닦다	刷牙	쑤아 야
헹구다	漂洗	피아오 시
씻어내다	冲洗	총 시
말리다	干燥	깐 자오
면도를 하다	刮胡子	꾸아 후 즈
머리를 빗다	梳头	쑤 토우
샤워를 하다	淋浴	린 위
변기에 물을 내리다	冲马桶	총 마 통
머리를 감다	洗头	시 토우
목욕(욕조에 몸을 담그고 하는)	泡澡	파오 자오

Chapter 08 음식

Unit 01 과일 136쪽

한국어	中文	발음
렌우	莲雾	리엔 우
용안	龙眼	롱 엔
여지	荔枝	리 즈
망고	芒果	망 꾸오
비파	枇杷	피 파
망고스틴	山竹	싼 쭈

한국어	중국어	발음	한국어	중국어	발음
산사	山楂	싼 짜	**Unit 02 채소, 뿌리식물**		**139쪽**
양매	杨梅	양 메이	고수나물	香菜	씨앙 차이
양다래	杨桃	양 타오	공심채	空心菜	콩 씬 차이
유자	柚子	요우 즈	청경채	油菜	요우 차이
하미과	哈密瓜	하 미 꾸아	호박	南瓜	난 꾸아
홍마오단	红毛丹	홍 마오 딴	당근	胡萝卜	후 루오 뽀
사과	苹果	핑 꾸오	피망	青椒	칭 지아오
배	梨	리	버섯	蘑菇	모 꾸
귤	橘子	쥐 즈	감자	土豆	투 또우
수박	西瓜	시 꾸아	고추	辣椒	라 지아오
포도	葡萄	푸 타오	토마토	番茄	판 치에
복숭아	桃子	타오 즈	무	萝卜	루오 뽀
멜론	甜瓜	티엔 꾸아	배추	白菜	빠이 차이
앵두	樱桃	잉 타오	마늘	蒜	수안
오렌지	橙子	청 즈	우엉	牛蒡	니우 빵
레몬	柠檬	닝 멍	상추	生菜	썽 차이
바나나	香蕉	시앙 지아오	시금치	菠菜	보어 차이
자두	李子	리 즈	양배추	卷心菜	쥐엔 씬 차이
두리안	榴莲	리우 리엔	브로콜리	西兰花	씨 란 후아
살구	杏	싱	양파	洋葱	양 총
감	柿子	쓰 즈	단호박	西葫芦	씨 후 루
참외	香瓜	시앙 꾸아	고구마	红薯	홍 쑤
파인애플	菠萝	뽀 루오	오이	黄瓜	후앙 꾸아
키위	猕猴桃	미 호우 타오	파	葱	총
코코넛	椰子	에 즈	콩나물	豆芽	또우 야
사탕수수	甘蔗	깐 져	생강	生姜	썽 찌앙
구아바	番石榴	판 쓰 리우	미나리	芹菜	친 차이
밤	板栗	반 리	옥수수	玉米	위 미
대추	大枣	따 자오	가지	茄子	치에 즈
딸기	草莓	차오 메이	송이버섯	松口菇	송 코우 꾸
건포도	葡萄干	푸 타오 깐	죽순	竹笋	쥬 순
체리	樱桃	잉 타오	더덕	沙参	싸 썬
블루베리	蓝莓	란 메이	도라지	桔梗	지에 겅
라임	青柠	칭 닝	깻잎	苏子叶	수 즈 예
무화과	无花果	우 후아 꾸오	고사리	蕨菜	쥐에 차이
석류	石榴	쓰 리우	청량고추	辣椒	라 지아오

팽이버섯	金针菇	진 쩐 꾸
올리브	橄榄	간 란
쑥갓	茼蒿	통 하오
인삼	人参	런 썬
홍삼	红参	홍 썬

Unit 03 수산물, 해조류   **142쪽**

오징어	墨鱼	모 위
송어	鳟鱼	쭌 위
우럭	石斑鱼	쓰 빤 위
가물치	黑鱼	헤이 위
고등어	青花鱼	칭 후아 위
참조기	小黄鱼	시아오 후앙 위
메기	鲇鱼	니엔 위
복어	河豚	허 툰
새우	虾	씨아
대구	大头鱼	다 토우 위
연어	三文鱼	산 원 위
전복	鲍鱼	빠오 위
가리비 조개	扇贝	싼 뻬이
갈치	带鱼	따이 위
게	蟹	씨에
잉어	鲤鱼	리 위
붕어	鲫鱼	지 위
문어	章鱼	짱 위
가재	龙虾	롱 씨아
민어	黄姑鱼	후앙 꾸 위
멍게	海鞘	하이 치아오
성게	海胆	하이 단
방어	鲂鱼	팡 위
해삼	海参	하이 썬
명태	明太鱼	밍 타이 위
삼치	鲛鱼	빠 위
미더덕	柄海鞘	빙 하이 치아오
굴	牡蛎	무 루
광어	比目鱼	비 무 위
고래	鲸	징
북어	干明太	깐 밍 타이
미역	海带	하이 따이
김	海苔	하이 타이

Unit 04 육류   **144쪽**

소고기	牛肉	니우 로우
돼지고기	猪肉	쭈 로우
닭고기	鸡肉	지 로우
칠면조	火鸡	후오 지
베이컨	培根	페이 껀
햄	火腿	후오 투이
소시지	香肠	시앙 창
육포	肉干	로우 깐
양고기	羊肉	양 로우
달걀	鸡蛋	지 딴

Unit 05 음료수   **146쪽**

콜라	可乐	커 러
사이다	雪碧	쉬에 삐
커피	咖啡	카 페이
핫초코	巧克力热饮	치아오 커 리 러 인
식혜	米酿	미 니앙
녹차	绿茶	루 차
밀크버블티	珍珠奶茶	쩐 쭈 나이 차
우롱차	乌龙茶	우 롱 차
밀크티	奶茶	나이 차
우유	牛奶	니우 나이
두유	豆乳	또우 루
생수	水	쑤이
오렌지주스	橙汁	청 쯔
왕라오지	王老吉	왕 라오 지
요구르트	酸牛奶	수안 니우 나이

Unit 06 기타식품 및 요리재료　　148쪽

한국어	중국어	발음
치즈	奶酪	나이 라오
요거트	酸奶	수안 나이
아이스크림	冰淇淋	빙 치 린
분유	奶粉	나이 펀
버터	黄油	후앙 요우
참치	金枪鱼	진 치앙 위
식용유	食油	쓰 요우
간장	酱油	지앙 요우
소금	盐	옌
설탕	糖	탕
식초	醋	추
참기름	香油	시앙 요우
후추	胡椒	후 지아오
와사비	芥末	지에 모어
된장	大酱	다 지앙

Unit 07 중한 대표요리　　150쪽

중국요리

한국어	중국어	발음
마파두부	麻婆豆腐	마 포 또우 푸
산니백육	蒜泥白肉	수안 니 빠이 로우
위씨앙로우스	鱼香肉丝	위 씨앙 로 우 스
꽁빠오찌딩	宫爆鸡丁	꽁 빠오 지 띵
찐링이옌쑤이야	金陵盐水鸭	진 링 옌 쑤 이 야
칭뚠씨에펀쯔토우	清炖蟹粉狮子头	칭 뚠 씨에 펀 쓰 즈 토우
삼배계	三杯鸡	산 뻬이 지
탕수육	糖醋里脊	탕 추 리 지
사오지공	烧鸡公	싸오 지 꽁
동파육	东坡肉	똥 포 로우
거지닭	叫花鸡	지아오 후아 지
밥	米饭	미 판
죽	粥	쪼우
계란볶음밥	蛋炒饭	딴 차오 판
볶음면	炒面	차오 미엔
만두	饺子	지아오 즈
춘취엔	春卷	춘 쥐엔
자장면	炸酱面	짜 지앙 미엔
양꼬치	羊肉串	양 로우 추안
건두부 쌈	京酱肉丝	징 지앙 로 우 스
마라탕	麻辣烫	마 라 탕
대나무밥	粽子	종 즈
고구마 맛탕	拔丝地瓜	빠 쓰 띠 꾸아
과일꼬치	糖葫芦	탕 후 루
(중국식)샤브샤브	火锅	훠 궈

한국식당요리　　151쪽

한국어	중국어	발음
라면	拉面	라 미엔
냉면	冷面	렁 미엔
삼계탕	参鸡汤	썬 지 탕
된장찌개	大酱汤	다 지앙 탕
청국장찌개	清麹酱锅	칭 취 지앙 꾸오
순두부찌개	嫩豆腐汤	넌 도우 푸 탕
부대찌개	部队火锅	뿌 두이 후오 꾸오
갈비탕	排骨汤	파이 꾸 탕
감자탕	脊骨土豆汤	지 꾸 투 도우 탕
설렁탕	牛杂碎汤	니우 자 수 이 탕
비빔밥	拌饭	빤 판
돌솥비빔밥	石锅拌饭	쓰 구오 빤 판
떡볶이	炒年糕	차오 니엔 까오
순대	血肠	시에 창
꼬치오뎅	鱼糕串儿	위 까오 추알
찐빵	馒头	만 토우
팥빙수	红豆冰	홍 도우 빙

한국어	中文	발음
떡	年糕	니엔 까오
해물파전	海鲜葱煎饼	하이 시엔 총 지엔 빙
김밥	紫菜卷饭	즈 차이 쥐엔 판
간장게장	酱蟹	지양 시에
삼겹살	烤肉	카오 로우
족발	猪脚	쭈 지아오

Unit 08 요리방식 154쪽

한국어	中文	발음
데치다	焯	차오
굽다	烤	카오
튀기다	油炸	요우 짜
탕/찌개	汤	탕
찌다	蒸	쩡
무치다	拌	빤
볶다	炒	차오
훈제	熏	쉰
끓이다	煮	쭈
삶다	烹	펑
섞다	和	후오
휘젓다	搅	지아오
밀다	擀	깐
얇게 썰다	切成薄片	치에 청 빠오 피엔
손질하다	收拾	쏘우 쓰
반죽하다	搓揉	추오 로우

Unit 09 패스트푸드점 156쪽

한국어	中文	발음
롯데리아	乐天利	러 티엔 리
맥도날드	麦当劳	마이 땅 라오
파파이스	派派思	파이 파이 시
KFC	肯德基	컨 떠 지
피자헛	必胜客	삐 썽 커
버거킹	汉堡王	한 바오 왕
서브웨이	赛百味	사이 빠이 웨이

Unit 10 주류 157쪽

한국어	中文	발음
백주	白酒	빠이 지우
고량주	高粱酒	까오 리앙 지우
십전대보주	十全大补酒	쓰 취엔 다 뿌 지우
홍성이과두주	红星二锅头	홍 싱 얼 꾸오 토우
라오베이징주	老北京	라오 뻬이 징
소주	烧酒	싸오 지우
양하대곡주	洋河大曲酒	양 허 다 취 지우
칭따오 맥주	青岛啤酒	칭 다오 피 지우
하얼빈 맥주	哈尔滨啤酒	하 얼 삔 피 지우
양주	洋酒	양 지우
징주	京酒	징 지우
위스키	威士忌	웨이 쓰 지
보드카	伏特加	푸 터 지아
마이타이	茅台酒	마오 타이 지우
레드와인	红葡萄酒	홍 푸 타오 지우
화이트와인	白葡萄酒	빠이 푸 타오 지우
오량액	五粮液	우 리앙 예
싼비엔주	三鞭酒	산 삐엔 지우
수정방	水井坊	쑤이 징 팡
죽엽청주	竹叶青酒	쭈 예 칭 지우
주귀주	酒鬼酒	지우 꾸이 지우
막걸리	马格利酒	마 꺼 리 지우
동동주	冬冬酒	동 동 지우
백하주	白霞酒	빠이 시아 지우
문배술	文杯酒	원 뻬이 지우
과실주	水果酒	쑤이 꾸오 지우
복분자주	覆盆子酒	푸 펀 즈 지우
매실주	梅子酒	메이 즈 지우

| 청주 | 清酒 | 칭 지우 |
| 칵테일 | 鸡尾酒 | 지 웨이 지우 |

관련단어 159쪽

과음	过量饮酒	꾸오 리앙 인 지우
숙취해소제	解酒药	지에 지우 야오
알콜중독	酒精中毒	지우 징 쭝 두
술친구	酒友	지우 요우

Unit 11 맛 표현 160쪽

맛있어요	好吃	하오 츠
맛없어요	不好吃	뿌 하오 츠
싱거워요	淡	딴
뜨거워요	烫	탕
달아요	甜	티엔
짜요	咸	씨엔
매워요	辣	라
얼큰해요	辣乎乎的	라 후 후 더
시어요	酸	수안
써요	苦	쿠
떫어요	涩	서
느끼해요	油腻	요우 니
고소해요	可口	커 코우
담백해요	清淡	칭 딴
시원해요	爽口	쑤앙 코우
비려요	腥	씽
소화가 안 돼요	不好消化	뿌 하오 시아오 후아

관련단어 161쪽

씹다	咀嚼	쥐 쥐에
영양분을 공급하다	提供营养	티 꽁 잉 양
과식하다	吃得过多	츠 더 꾸오 두오
먹이다	喂	웨이
삼키다	吞	툰
조금씩 마시다	抿	민
조리법	烹饪法	펑 런 파
날것	生的	썽 더
썩다	腐烂	푸 란
칼슘	钙质	까이 쯔
단백질	蛋白质	단 빠이 쯔
비타민	维生素	웨이 썽 수
지방(질)	脂肪(质)	쯔 팡 (쯔)
탄수화물	碳水化合物	탄 쑤이 후아 허 우
입맛	口味	코우 웨이
무기질	无机质	우 지 쯔
에스트로겐	雌激素	츠 지 수
아미노산	氨基酸	안 지 수안
체지방	体脂肪	티 쯔 팡
피하지방	皮下脂肪	피 시아 쯔 팡
열량(칼로리)	热量	르어 리앙
영양소	营养素	잉 양 수
포화지방	饱和脂肪	빠오 허 쯔 팡
불포화지방	反式脂肪	판 쓰 쯔 팡
포도당	葡萄糖	푸 타오 탕
납	钠	나

Chapter 09 쇼핑

Unit 01 쇼핑 물건 164쪽

의류

정장	西服	씨 푸
청바지	牛仔裤	니우 자이 쿠
티셔츠	T恤衫	티 쉬 싼
원피스	连衣裙	리엔 이 췬
반바지	短裤	두안 쿠
치마	裙子	췬 즈

조끼	背心	뻬이 신
남방	格子衬衫	거 즈 천 싼
와이셔츠	衬衫	천 싼
재킷	夹克	찌아 커
운동복	运动服	윈 뚱 푸
오리털잠바	羽绒服	위 롱 푸
스웨터	毛衣	마오 이
우의	雨衣	위 이
내복	内衣	네이 이
속옷	内衣	네이 이
팬티	内裤	네이 쿠
교복	校服	시아오 푸
레이스	蕾丝	레이 스
단추	纽扣	니우 쿠
바지	裤子	쿠 즈
버클	皮带扣	피 따이 코우
브래지어	胸罩	시옹 짜오
블라우스	女式衬衫	누 쓰 천 싼
셔츠	恤衫	쉬 싼
소매	袖子	시우 즈
외투	大衣	다 이
지퍼	拉链	라 리엔
잠옷	睡衣	쑤이 이
치파오	旗袍	치 파오
한복	韩服	한 푸

신발 양말 166쪽

신발	鞋子	씨에 즈
운동화	运动鞋	윈 뚱 씨에
구두	皮鞋	피 씨에
부츠	靴子	쉬에 즈
슬리퍼	拖鞋	투오 씨에
조리	人字拖	런 즈 투오
장화	雨鞋	위 시에
양말	袜子	와 즈

스타킹	丝袜	스 와
샌들	凉鞋	리앙 씨에

기타 액세서리 166쪽

모자	帽子	마오 즈
가방	包	빠오
머리끈	头绳	토우 썽
귀걸이	耳环	얼 후안
반지	戒指	지에 쯔
안경	眼镜	엔 징
선글라스	太阳镜	타이 양 징
지갑	钱包	치엔 빠오
목도리	围脖	웨이 뽀
스카프	围巾	웨이 진
손목시계	手表	쏘우 비아오
팔찌	手链	쏘우 리엔
넥타이	领带	링 따이
벨트	腰带	야오 따이
장갑	手套	쏘우 타오
양산	阳伞	양 산
목걸이	项链	씨앙 리엔
손수건	手绢	쏘우 쥐엔
브로치	胸针	시옹 쩐
머리핀	发卡	파 치아

기타용품 167쪽

비누	香皂	시앙 자오
가그린	漱口水	쑤 코우 쑤이
물티슈	湿巾	쓰 진
생리대	卫生巾	웨이 썽 진
기저귀	尿布湿	니아오 후 쓰
우산	雨伞	위 산
담배	烟	엔
라이터	打火机	다 후오 지
건전지	电池	디엔 츠

쇼핑백	购物袋	꼬우 우 다이
종이컵	纸杯	쯔 뻬이
컵라면	碗面	완 미엔
모기약	驱蚊剂	취 원 지
방취제	除臭剂	추 초우 지
면도크림	剃胡膏	티 후 까오
면도날	剃须刀片	티 쉬 다오 피엔
스킨	化妆水	후아 쭈앙 쑤이
로션	乳液	루 예
썬크림	防晒霜	팡 싸이 쑤앙
샴푸	洗发水	시 파 쑤이
린스	护发素	후 파 수
치약	牙膏	야 까오
칫솔	牙刷	야 쑤아
손톱깎이	指甲刀	쯔 지아 따오
화장지	卫生纸	웨이 썽 즈
립스틱	唇膏	춘 까오
비비크림	BB霜	비비 쑤앙
파운데이션	粉底	펀 디
빗	梳子	쑤 즈
사탕	糖	탕
껌	口香糖	코우 시앙 탕
초콜릿	巧克力	치아오 커 리
아이셰도	眼影	엔 잉
매니큐어	指甲油	쯔 지아 요우
향수	香水	시앙 쑤이
마스카라	睫毛膏	지에 마오 까오
파스	膏药	까오 야오
카메라	相机	시앙 지
붓	毛笔	마오 삐
책	书	쑤
홍등	红灯笼	홍 덩 롱
거울	小镜子	시아오 징 즈
핸드폰 케이스	手机壳	쏘우 지 커
옥	玉石	위 쓰
진주	珍珠	쩐 쭈
루비	红宝石	홍 빠오 쓰
다이아몬드	钻石	주안 쓰
자수정	紫水晶	즈 쑤이 징
에메랄드	祖母绿宝石	주 무 뤼 빠오 쓰
사파이어	蓝宝石	란 빠오 쓰

관련단어 171쪽

짝퉁제품	山寨产品	싼 짜이 찬 핀
바코드	条形码	티아오 싱 마
계산원	出纳员	추 나 위엔
선물	礼物	리 우
상표	商标	쌍 삐아오
현금	现金	시엔 진
지폐	钞票	차오 피아오
동전	硬币	잉 삐
환불	退钱	투이 치엔

Unit 02 색상 172쪽

빨간색	红色	홍 서
주황색	橘黄色	쥐 후앙 서
노란색	黄色	후앙 서
초록색	草绿色	차오 루 서
파란색	天蓝色	티엔 란 서
남색	蓝色	란 서
보라색	紫色	즈 서
상아색	象牙色	씨앙 야 서
황토색	土黄色	투 후앙 서
검은색	黑色	헤이 서
회색	灰色	후이 서
흰색	白色	빠이 서
갈색	棕色	종 서
분홍색	粉红色	펀 홍 서

관련단어 173쪽

복장	服装	푸 쭈앙
의상	衣服	이 푸
직물	织物	쯔 우
감촉	手感	쏘우 깐
모피	毛皮	마오 피
단정한	整齐的	쩡 치 더
깔끔한	干净的	깐 징 더
방수복	防水服	팡 쑤이 푸
차려입다	盛装打扮	썽 쭈앙 다 빤
장식하다	打扮	다 빤
사치스럽다	奢侈	써 츠
어울리다	合适	허 쓰

Unit 03 구매 표현 174쪽

이것	这个	쩌 꺼
저것	那个	나 꺼
더 화려한 것	更华丽的	껑 후아 리 더
더 큰 것	更大码的	껑 따 마 더
더 작은 것	更小码的	껑 씨아오 마 더
더 수수한 것	普通点的	푸 퉁 띠엔 더
유행상품	流行商品	리우 씽 쌍 핀
더 무거운 것	更重的	껑 쫑 더
더 가벼운 것	更轻的	껑 칭 더
더 긴 것	更长的	껑 창 더
더 짧은 것	更短的	껑 뚜안 더
다른 종류	其他种类	치 타 쫑 레이
다른 디자인	其他款式	치 타 쿠안 쓰
다른 색깔	其他颜色	치 타 엔 서
더 싼 것	更便宜的	껑 피엔 이 더
더 비싼 것	更贵的	껑 꾸이 더
신상품	新款	씬 쿠안
세일 상품	折扣商品	쩌 코우 쌍 핀
입다	穿	추안
신다	穿	추안
메다	系	지
먹다	吃	츠
바르다	擦	차
들다	提	티
만지다	摸	모
쓰다	用	용
착용하다	戴	따이
몇 가지	几种	지 쫑

관련단어 176쪽

쇼핑몰	购物中心	꼬우 우 쫑 신
상품	商品	쌍 핀
하자가 있는	疵品	츠 핀
환불	退货	투이 후오
구입하다	采购	차이 꼬우
영수증	发票	파 피아오
보증서	保证书	빠오 쩡 쑤
세일	打折	다 쩌
계산대	结帐台	지에 짱 타이
저렴한	低廉的	디 리엔 더
물건이 다 팔렸다	东西卖光了	둥 시 마이 꾸앙 러
재고정리	整理库存	쩡 리 쿠 춘
신상품	新商品	신 쌍 핀
공짜	免费	미엔 페이

Chapter 10 도시

Unit 01 자연물 또는 인공물 178쪽

강	江	지앙
과수원	果木园	꾸오 무 위엔 쑤
나무	树	쑤
논	稻田	다오 티엔
농작물	农作物	농 주오 우
동굴	洞	똥

들판	野地	예 디
바다	海	하이
밭	田	티엔
사막	沙漠	싸 모
산	山	싼
섬	岛	따오
삼림	森林	선 린
습지	湿地	쓰 띠
연못	水塘	쑤이 탕
저수지	水库	쑤이 쿠
초원	草原	차오 위엔
폭포	瀑布	푸 뿌
해안	海岸	하이 안
협곡	峡谷	시아 꾸
호수	湖	후
목장	牧场	무 창
바위	岩石	엔 쓰

관련단어

수확하다	收获	쏘우 후오
씨를 뿌리다	播种	뽀어 쫑
온도	温度	원 두
수평선	水平线	쑤이 핑 시엔
지평선	地平线	디 핑 시엔
화석	化石	후아 쓰
습도	湿度	쓰 뚜
대지	大地	따 띠
모래	沙子	싸 즈
논두렁	田埂	티엔 껑

Unit 02 도시 건축물 181쪽

우체국	邮局	요우 쥐
은행	银行	인 항
경찰서	公安局	꽁 안 쥐
병원	医院	이 위엔
편의점	便利店	삐엔 리 띠엔
호텔	酒店	지우 띠엔
서점	书店	쑤 띠엔
백화점	百货商店	빠이 후오 쌍 띠엔
노래방	练歌房	리엔 꺼 팡
커피숍	咖啡店	카 페이 띠엔
영화관	电影院	띠엔 잉 위엔
문구점	文具店	원 쥐 디엔
제과점	面包店	미엔 빠오 띠엔
놀이공원	游乐场	요우 러 창
주유소	加油站	찌아 요우 짠
성당	教堂	찌아오 탕
교회	教会	찌아오 후이
차관	茶馆	차 꾸안
번화가	闹市区	나오 쓰 취
미술관	美术馆	메이 쑤 꾸안
학교	学校	쉬에 시아오
이슬람사원	清真寺	칭 쩐 스
분수	喷泉	펀 취엔
공원	公园	꽁 위엔
댐	堤坝	띠 따
정원	庭院	팅 위엔
사우나	桑拿	상 나
식물원	植物园	쯔 우 위엔
동물원	动物园	똥 우 위엔
광장	广场	꾸앙 창
다리	桥	치아오
박물관	博物馆	뽀 우 꾸안
기념관	纪念馆	지 니엔 꾸안
약국	药店	야오 디엔
소방서	消防队	시아오 팡 두이
도서관	图书馆	투 쑤 꾸안
미용실	美发店	메이 파 디엔

관광안내소	旅游咨询处	뤼 요우 즈 쉰 추
세탁소	洗衣房	시 이 팡
PC방	网吧	왕 빠
목욕탕	澡堂	자오 탕
발마사지집	洗脚房	시 지아오 팡
안마방	按摩房	안 모 팡
미용원	美容院	메이 롱 위엔

Chapter 11 스포츠, 여가

Unit 01 운동　　　　　　　　　　**184쪽**

볼링	保龄球	빠오 링 치우
암벽등반	攀岩	판 옌
활강	滑降	후아 지앙
수상그네	水上秋千	쑤이 쌍 치우 치엔
패러글라이딩	滑翔跳伞	후아 씨앙 티아오 산
번지점프	蹦极	뻥 지
낚시	钓鱼	띠아오 위
인공암벽	人工攀岩	런 꽁 판 옌
바둑	围棋	웨이 치
카레이싱	赛车	사이 처
윈드서핑	冲浪	총 랑
골프	高尔夫	까오 얼 푸
테니스	网球	왕 치우
스키	滑雪	후아 쉬에
태극권	太极拳	타이 지 취엔
소림무술	少林武术	싸오 린 우 쑤
승마	乘马	청 마
축구	足球	주 치우
배구	排球	파이 치우
야구	棒球	빵 치우
농구	篮球	란 치우
탁구	乒乓球	핑 팡 치우
검술	剑术	지엔 쑤
수영	游泳	요우 용
경마	赛马	사이 마
권투	拳击	취엔 지
태권도	跆拳道	타이 취엔 따오
검도	剑道	지엔 따오
무에타이	泰拳	타이 취엔
격투기	格斗	꺼 또우
씨름	韩式摔跤	한 쓰 쑤아이 지아오
당구	台球	타이 치우
배드민턴	羽毛球	위 마오 치우
럭비	橄榄球	깐 란 치우
스쿼시	壁球	삐 치우
아이스하키	冰球	삥 치우
핸드볼	手球	쏘우 치우
등산	登山	떵 싼
인라인	直排轮滑	쯔 파이 룬 후아
보트	划艇	후아 팅
사이클	自行车	즈 싱 처
요가	瑜珈	위 지아
스카이다이빙	跳伞	티아오 산
행글라이더	悬挂式滑翔	쉬엔 꾸아 쓰 후아 시앙
피겨스케이트	花样滑冰	후아 양 후아 삥
롤러스케이트	旱冰	한 삥
양궁	射箭	써 지엔
스노클링	浮潜	푸 치엔
스쿠버다이빙	戴水肺潜水	다이 쑤이 페이 치엔 쑤이
해머던지기	链球	리엔 치우
멀리뛰기	跳远	티아오 위엔
창던지기	掷标枪	쯔 삐아오 치앙
마라톤	马拉松	마 라 송
펜싱	击剑	지 지엔

쿵푸	功夫	꽁 푸
합기도	合气道	허 치 다오
공수도	空手道	콩 쏘우 다오
레슬링	摔跤	수아이 지아오
스모	相扑	시앙 푸
줄넘기	跳绳	티아오 썽
뜀틀	跳马	티아오 마
에어로빅	健美操	지엔 메이 차오
아령	哑铃	야 링
역도	举重	쥐 쭝

관련단어		**188쪽**
야구공	棒球	빵 치우
야구방망이	棒球棍	빵 치우 꾼
축구공	足球	주 치우
축구화	足球鞋	주 치우 시에
글러브	棒球手套	빵 치우 쏘우 타오
헬멧	头盔	토우 쿠이
테니스공	网球	왕 치우
라켓	网球拍	왕 치우 파이
수영복	泳衣	용 이
튜브	游泳圈	요우 용 추안
수영모	泳帽	용 마오
러닝머신	跑步机	파오 뿌 지
코치	教练	지아오 리엔
유산소운동	有氧运动	요우 양 운 동
무산소운동	无氧运动	우 양 운 동
근육운동	肌肉运动	지 로우 운 동
호흡운동(숨쉬기운동)	呼吸运动	후 시 운 동
수경	泳镜	용 징
맨손체조	徒手体操	투 쏘우 티 차오

Unit 02 오락, 취미		**190쪽**
영화 감상	电影欣赏	띠엔 잉 신 쌍
음악 감상	音乐欣赏	인 위에 신 쌍
여행	旅游	뤼 요우
독서	读书	뚜 쑤
춤추기	跳舞	티아오 우
노래 부르기	唱歌	창 꺼
운동	运动	운 똥
등산	登山	떵 싼
수중잠수	潜水	치엔 쑤이
악기 연주	演奏乐器	엔 쪼우 위 에 치
요리	烹饪	펑 런
사진 찍기	摄影	써 잉
정원 가꾸기	园艺	위엔 이
우표 수집	集邮	지 요우
낚시	钓鱼	띠아오 위
십자수	十字绣	쓰 즈 시우
TV 보기	看电视	칸 띠엔 쓰
드라이브	驾车出游	지아 처 추 요우
빈둥거리기	混时间	훈 쓰 지엔
인터넷	互联网	후 리엔 왕
게임	游戏	요우 시
아이쇼핑하기	逛街	꾸앙 지에
캠핑 가기	去野营	취 예 잉
마작	麻将	마 지앙
장기	象棋	시앙 치
도예	陶艺	타오 이
뜨개질	(针)织	(쩐) 쯔
맛집 탐방	探访美食	탄 팡 메이 쓰
일하기	工作	꽁 주오

Unit 03 악기 193쪽

한국어	中文	발음
기타	吉他	지 타
피아노	钢琴	깡 친
색소폰	萨克斯管	사 커 시 꾸안
플루트	长笛	창 띠
하모니카	口琴	코우 친
클라리넷	单簧管	딴 후앙 꾸안
트럼펫	小号	시아오 하오
하프	竖琴	쑤 친
첼로	大提琴	따 티 친
아코디언	手风琴	쏘우 펑 친
드럼	架子鼓	지아 즈 꾸
실로폰	木琴	무 친
거문고	玄琴	쉬엔 친
가야금	伽倻琴	지아 예 친
대금	大笒	다 천
장구	长鼓	창 꾸
징	锣	루오
해금	奚琴	시 친
단소	短箫	뚜안 시아오
피리	笛子	디 즈
오카리나	陶笛	타오 디
바이올린	小提琴	시아오 티 친
비올라	中提琴	쫑 티 친

Unit 04 여가 195쪽

한국어	中文	발음
휴양하다	休养	시우 양
관광하다	观光	꾸안 꾸앙
기분전환하다	散心	산 신
건강관리하다	健康管理	지엔 캉 꾸안 리
탐험하다	探险	탄 시엔
참관하다	参观	찬 꾸안

Unit 05 영화 196쪽

한국어	中文	발음
영화관	电影院	디엔 잉 위엔
매표소	售票厅	쏘우 피아오 팅
히트작	成功之作	청 꽁 쯔 주오
매점	小卖部	시아오 마이 뿌
공포영화	恐怖电影	콩 뿌 디엔 잉
코미디영화	喜剧电影	시 쥐 디엔 잉
액션영화	动作电影	동 주오 디엔 잉
어드벤처영화	惊险电影	징 시엔 디엔 잉
스릴러영화	惊悚电影	징 송 디엔 잉
주연배우	主演	쭈 엔
조연배우	配角	페이 쥐에
남자주인공	男主角	난 쭈 쥐에
여자주인공	女主角	뉘 쭈 쥐에
영화사	电影公司	디엔 잉 꽁 스
감독	导演	다오 엔

관련단어 197쪽

한국어	中文	발음
뮤지컬영화	歌剧电影	꺼 쥐 디엔 잉
다큐멘터리영화	纪录电影	지 루 디엔 잉
로맨틱영화	浪漫电影	랑 만 디엔 잉

Part 2 여행 단어

Chapter 01 공항에서

Unit 01 공항 200쪽

한국어	中文	발음
국내선	国内线	꾸오 네이 시엔
국제선	国际线	꾸오 지 시엔
탑승창구	登机口	덩 지 코우
항공사	航空公司	항 콩 꽁 스

한국어	중국어	발음
탑승수속	登机手续	덩 지 소우 쉬
항공권	机票	지 피아오
여권	护照	후 짜오
탑승권	登机牌	덩 지 파이
금속탐지기	金属探测器	진 쑤 탄 처 치
창가좌석	靠窗的座位	카오 추앙 더 주오 웨이
통로좌석	通道的座位	통 다오 더 주오 웨이
탁송화물	托运行李	투오 윈 싱 리
수화물표	行李票	싱 리 피아오
추가 수화물 운임	增加行李运费	정 지아 싱 리 윈 페이
세관	海关	하이 꾸안
신고하다	申告	썬 까오
출국신고서	出境卡	추 징 카
면세점	免税店	미엔 쒸이 디엔
입국심사	入境审查	루 징 썬 차
휴대품신고서	携带物品申报单	시에 다이 우 핀 썬 빠오 단
비자	签证	치엔 쩡
세관원	海关人员	하이 꾸안 런 위엔

관련단어 203쪽

한국어	중국어	발음
목적지	目的地	무 디 디
도착지	到达城市	다오 다 청 쓰
방문목적	访问目的	팡 원 무 디
체류기간	滞留时间	쯔 리우 쓰 지엔
입국허가	入境许可	루 징 쉬 커
검역소	检疫站	지앙 이 짠
수하물 찾는 곳	取行李处	취 싱 리 추
리무진 버스	机场巴士	지 창 빠 쓰

Unit 02 기내 탑승 204쪽

한국어	중국어	발음
창문	窗户	추앙 후
스튜어디스	空姐	콩 지에
객석 위쪽의 짐칸	舱顶行李箱	창 딩 싱 리 시앙
에어컨	空调	콩 티아오
조명	阅读灯	위에 두 덩
모니터	显示器	시엔 쓰 치
좌석(자리)	座位	주오 웨이
구명조끼	救生衣	지우 썽 이
호출버튼	呼叫按钮	후 지아오 안 니우
짐	行李	싱 리
안전벨트	安全带	안 취엔 다이
통로	通道	통 따오
비상구	紧急出口	진 지 추 코우
화장실	厕所	처 수오
이어폰	耳机	얼 지
조종실	驾驶舱	지아 쓰 창
기장	机长	지 짱
부기장	副机长	푸 지 짱
활주로	机场跑道	지 창 파오 다오

관련단어 206쪽

한국어	중국어	발음
도착 예정 시간	预计到达时间	위 지 다오 다 쓰 지엔
이륙하다	起飞	치 페이
착륙하다	着陆	쭈오 루
무료 서비스	免费服务	미엔 페이 푸 우
사용 중	使用中	쓰 용 쭝
금연 구역	禁烟区	진 엔 취
시차 피로	时差疲劳	쓰 차 피 라오
경유	经由	징 요우
직항	直航	쯔 항

좌석 벨트를 매다	系上安全带	지 쌍 안 취엔 다이
연기/지연	延迟	엔 츠

Unit 03 기내 서비스 207쪽

신문	报纸	빠오 쯔
면세품 목록	免税商品目录	미엔 쑤이 쌍 핀 무 루
잡지	杂志	자 쯔
담요	毛毯	마오 탄
베개	枕头	쩐 토우
입국카드	入境卡	루 징 카
티슈	纸巾	쯔 진
음료수	饮料	인 리아오
기내식	机内餐	지 네이 찬
맥주	啤酒	피 지우
와인	红酒	홍 지우
물	水	쑤이
커피	咖啡	카 페이
차	茶	차

관련단어 209쪽

이륙	起飞	치 페이
착륙	着陆	쭈오 루
홍차	红茶	홍 차
물티슈	湿巾	쓰 진
스튜어드	空哥	콩 커
샐러드	沙拉	싸 라
알로에주스	芦荟汁	루 후이 쯔
탄산음료	炭酸饮料	탄 수안 인 리아오

Chapter 02 입국심사

Unit 01 입국 목적 210쪽

비즈니스	商务	쌍 우
여행, 관광	旅行, 观光	뤼 싱, 꾸안 꾸앙
공무	公务	꽁 우
취업	就业	지우 예
거주	居住	쥐 쭈
친척 방문	探亲	탄 친
유학	留学	리우 쉬에
귀국	回国	후이 꾸오
기타	其它	치 타

Unit 02 거주지 212쪽

호텔	酒店	지우 디엔
친척집	亲戚的家里	친 치 더 지아 리
친구집	朋友的家里	펑 요우 더 지아 리
미정입니다	还没决定。	하이 메이 쥐에 딩

Chapter 03 숙소

Unit 01 예약 214쪽

예약	预订	위 딩
체크인	登记入住	덩 지 루 쭈
체크아웃	退房	투이 팡
싱글룸	单人间	단 런 지엔
더블룸	标准间	삐아오 쭌 지엔
트윈룸	双人间	쑤앙 런 지엔
스위트룸	豪华间	하오 후아 지엔
다인실	多人间	두오 런 지엔
일행	同行	통 싱
흡연실	吸烟室	시 엔 쓰
금연실	禁烟室	진 엔 쓰
방값	房价	팡 지아
예약번호	预约号码	위 위에 하오 마
방카드	房卡	팡 카

관련단어 215쪽

한국어	중국어	발음
예치금	押金	야 진
환불	退费	투이 페이
봉사료	服务费	푸 우 페이

Unit 02 호텔 216쪽

프런트	接待处	지에 다이 추
접수계원	接待处职员	지에 다이 추 쯔 위엔
도어맨	迎宾先生	잉 삔 시엔 썽
벨보이	门童	먼 퉁
사우나	桑拿浴	상 나 위
회의실	会议室	후이 이 쓰
레스토랑	西式饭店	시 쓰 판 디엔
룸메이드	客房服务员	커 팡 푸 우 위엔
회계	会计人员	후이 지 런 위엔

Unit 03 숙소 종류 218쪽

호텔 (주점/반점)	宾馆 (酒店/饭店)	삔 꾸안 (지우 디엔/ 판 디엔)
캠핑	野营	예 잉
게스트하우스	小型家庭旅馆	시아오 싱 지아 팅 뤼 꾸안
유스호스텔.YHA	国际青年旅社	꾸오 지 칭 니엔 뤼 써
조선족 민박	朝鲜族民宿	차오 시엔 주 민 수
경제	经济	징 지
여관, 여사	旅馆, 旅社	뤼 꾸안, 뤼 써
대학 기숙사	大学宿舍	다 쉬에 수 써

Unit 04 룸서비스 220쪽

모닝콜	叫醒	지아오 싱
세탁	洗衣服	시 이 푸
다림질	熨衣服	윈 이 푸
드라이클리닝	干洗	깐 시
방청소	清扫房间	칭 사오 팡 지엔
식당 예약	预订饭店	위 딩 판 디엔
안마	按摩	안 모어
식사	用餐	용 찬
미니바	迷你吧	미 니 빠
팁	小费	시아오 페이

Chapter 04 교통

Unit 01 교통수단 222쪽

비행기	飞机	페이 지
헬리콥터	直升机	쯔 썽 지
케이블카	缆车	란 처
여객선	客船	커 창
요트	小帆船	시아오 판 추안
잠수함	潜水艇	치엔 쑤이 팅
자동차	汽车	치 처
버스	公共汽车	꽁 꽁 치 처
기차	火车	후오 처
지하철	地铁	띠 티에
자전거	自行车	즈 싱 처
트럭	卡车	카 처
크레인	吊车	디아오 처
모노레일	单轨列车	단 꾸이 리에 처
소방차	消防车	시아오 팡 처
구급차	救护车	지우 후 처
이층버스	双层巴士	쑤앙 청 빠 쓰
견인차	牵引车	치엔 인 처
관광버스	观光巴士	꾸안 꾸앙 빠 쓰
레미콘	混凝土搅拌车	훈 닝 투 지아오 빤 처
순찰차	巡逻车	쉰 루오 처
오토바이	摩托车	모 투어 처

증기선	渡轮	두 룬
지게차	叉车	차 처
열기구	热气球	러 치 치우
스포츠카	跑车	파오 처
밴	保姆车	빠오 무 처

Unit 02 자동차 명칭 / 자전거 명칭 225쪽

엑셀 (가속페달)	油门	요우 먼
브레이크	刹车	싸 처
백미러	后视镜	호우 쓰 징
핸들	方向盘	팡 시앙 판
클랙슨	汽车喇叭	치 처 라 빠
번호판	车牌	처 파이
변속기	变速器	삐엔 수 치
트렁크	后备箱	호우 뻬이 시앙
클러치	离合器	리 허 치
안장	车座	처 주오
앞바퀴	前轮	치엔 룬
뒷바퀴	后轮	호우 룬
체인	链条	리엔 티아오
페달	脚踏板	지아오 타 빤

관련단어 227쪽

안전벨트	安全带	안 취엔 다이
에어백	气囊	치 니앙
배터리	电池	디엔 츠
엔진	引擎	인 칭
LPG	液化石油气	예 후아 스 요우 치
윤활유	润滑油	룬 후아 요우
경유	柴油	차이 요우
휘발유	汽油	치 요우
세차	洗车	시 처

Unit 03 교통 표지판 228쪽

양보	减速让行	지엔 수 랑 싱
일시정지	临时停车	린 쓰 팅 처
추월금지	禁止超车	진 쯔 차오 처
제한속도	限制速度	시엔 쯔 수 뚜
일방통행	单行道	딴 싱 따오
주차금지	禁止停车	진 쯔 팅 처
우측통행	右侧通行	요우 처 통 싱
진입금지	禁止进入	진 쯔 진 루
유턴금지	禁止掉头	진 쯔 디아오 토우
낙석도로	落石道路	루오 스 따 오 루
어린이 보호 구역	儿童保护 区域	얼 통 빠오 후 취 위

Unit 04 방향 230쪽

좌회전	左转	주오 쭈안
우회전	右转	요우 쭈안
직진	直走	쯔 조우
백(back)	后退	호우 투이
유턴	掉头	디아오 토우
동서남북	东西南北	똥 시 난 베이

관련단어 231쪽

후진하다	倒车	따오 처
고장 나다	故障	꾸 짱
(타이어가) 펑크 나다	爆胎	빠오 타이
견인하다	牵引	치엔 인
갈아타다	换乘	후안 청
차가 막히다	塞车	사이 처
주차위반 딱지	停车罚款通知单	팅 처 파 쿠안 통 쯔 단
지하철노선도	地铁路线图	디 티에 루 시엔 투
대합실	候车室	호우 처 쓰

한국어	중국어	발음
운전기사	司机	스 지
운전면허증	驾驶执照	지아 쓰 쯔 짜오
중고차	二手车	얼 쏘우 처

Unit 05 거리 풍경 232쪽

한국어	중국어	발음
신호등	红绿灯	홍 뤼 떵
횡단보도	人行横道	런 싱 헝 따오
주유소	加油站	지아 요우 짠
인도	人行道	런 싱 따오
차도	车道	처 다오
고속도로	高速公路	까오 수 꽁 루
교차로	交叉路口	지아오 차 루 코우
지하도	地下通道	디 시아 통 다오
버스정류장	公交车站	꽁 지아오 처 짠
방향표지판	方向指示牌	팡 시앙 쯔 파이
육교	天桥	티엔 치아오
공중전화	公用电话	꽁 용 띠엔 후아

Chapter 05 관광

Unit 01 중국 대표 관광지 234쪽

한국어	중국어	발음
자금성	紫禁城	즈 진 청
천단공원	天坛公园	티엔 탄 꽁 위엔
이화원	颐和园	이 허 위엔
용경협	龙庆峡	롱 칭 시아
홍교시장	虹桥市场	홍 치아오 쓰 창
팔달령 만리장성	八达岭长城	다 빠링 창 청
용화궁	雍和宫	용 허 꽁
천안문	天安门	티엔 안 먼
피서산장	避暑山庄	삐 쑤 싼 쭈앙
태산	泰山	타이 싼
대묘	大庙	다 미아오
청도 팔대관	青岛八大关	칭 다오 빠 다 구안
졸정원	拙政园	쭈오 쩡 위엔
핑야오 고성	平遥古城	핑 야오 꾸 청
대동운강석굴	大同云冈石窟	다 통 윈 깡 쓰 쿠
면산	绵山	미엔 싼
우타이산	五台山	우 타이 싼
선양고궁	沈阳故宫	썬 양 꾸 꽁
예원	豫园	위 위엔
황푸강	黄浦江	후앙 푸 지앙
동방명주	东方明珠	동 팡 밍 쭈
서호	西湖	시 후
황산	黄山	후앙 싼
두장옌	都江堰	두 지앙 엔
낙산대불	乐山大佛	러 싼 다 포
황룡	黄龙	후앙 롱
청성산	青城山	칭 청 싼
루쉰고가	鲁迅故居	뤼 쉰 꾸 쥐
웬모투린	元谋土林	위엔 모우 투 린
리장고성	丽江古城	리 지앙 꾸 청
다리고성	大理古城	다 리 꾸 청
차마고도	茶马古道	차 마 꾸 다오
장가계	张家界	짱 지아 지에
포탈라궁	布达拉宫	뿌 따 라 꽁
병마용	兵马俑	삥 마 용
소림사	少林寺	싸오 린 스
용문석굴	龙门石窟	롱 먼 쓰 쿠
양강사호	两江四湖	리앙 지앙 스 후
이강	漓江	리 지앙
관음동굴	观音洞	꾸안 인 동
구채구	九寨沟	지우 짜이 꼬우

Unit 02 중국 볼거리(예술 및 공연) 238쪽

한국어	중국어	발음
꼭두각시놀이	木偶剧	모우 오우 쥐
그림자연극	皮影戏	피 잉 시
변검	变脸	삐엔 리엔
서커스	杂技	자 지
가극	歌剧	꺼 쥐
경극	京剧	징 쥐
상성	相声	시앙 썽
소림무술공연	少林武术表演	싸오 린 우 쑤 삐아오 엔
장예모의 인상유삼저	张艺谋的〈印象刘三姐〉	짱 이 모우 더 〈인 시앙 리우 산 지에〉
콘서트	演唱会	엔 창 후이
뮤지컬	音乐会	인 위에 후이
클래식	古典音乐会	꾸 디엔 인 위에 후이
오케스트라	弦乐团	시엔 위에 투안
중국 전통 악기공연	中国传统乐器表演	쫑 꾸오 추안 통 위에 치 삐아오 엔
검보	脸谱	리엔 푸

관련단어 239쪽

한국어	중국어	발음
관객/청중	观客/听众	꾸안 커 / 팅 쫑

Unit 03 나라 이름 240쪽

한국어	중국어	발음
아시아	亚洲	야 쪼우
동남아시아	东南亚	동 난 야
대한민국 (한국)	大韩民国(韩国)	다 한 민 꾸어(한 꾸오)
중국	中国	쫑 꾸오
일본	日本	르 뻔
대만	台湾	타이 완
필리핀	菲律宾	페이 뤼 삔
인도네시아	印度尼西亚	인 두 니 시 야
인도	印度	인 두
파키스탄	巴基斯坦	빠 지 스 탄
우즈베키스탄	乌兹别克斯坦	우 즈 베이 커 시 탄
카자흐스탄	哈萨克斯坦	하 사 커 시 탄
러시아	俄罗斯	으 루오 스
몽골	蒙古	멍 꾸
태국	泰国	타이 꾸오
유럽	欧洲	오우 쪼우
스페인	西班牙	시 빤 야
프랑스	法国	파 꾸오
포르투갈	葡萄牙	푸 타오 야
아이슬란드	冰岛	삥 따오
스웨덴	瑞典	루이 디엔
노르웨이	挪威	루오 웨이
핀란드	芬兰	펀 란
아일랜드	爱尔兰	아이 얼 란
영국	英国	잉 꾸오
독일	德国	더 꾸오
라트비아	拉脱维亚	라 투오 웨이 야
벨라루스	白俄罗斯	빠이 으 루오 스
우크라이나	乌克兰	우 커 란
루마니아	罗马尼亚	루오 마 니 야
이탈리아	意大利	이 따 리
그리스	希腊	시 라
북아메리카	北美洲	뻬이 메이 쪼우
미국	美国	메이 꾸오
캐나다	加拿大	지아 나 다
그린란드	格陵兰	꺼 링 란

남아메리카	南美洲	난 메이 쪼우
멕시코	墨西哥	모 시 꺼
쿠바	古巴	꾸 빠
과테말라	危地马拉	웨이 디 마 라
베네수엘라	委内瑞拉	웨이 네이 루 이 라
에콰도르	厄瓜多尔	으 꾸아 두 오 얼
페루	秘鲁	삐 루
브라질	巴西	빠 시
볼리비아	玻利维亚	보 리 웨이 야
파라과이	巴拉圭	빠 라 꾸이
칠레	智利	쯔 리
아르헨티나	阿根廷	아 껀 팅
우루과이	乌拉圭	우 라 꾸이

중동	中东	쫑 동
터키	土耳其	투 얼 치
시리아	叙利亚	쉬 리 야
이라크	伊拉克	이 라 커
요르단	约旦	위에 단
이스라엘	以色列	이 서 리에
레바논	黎巴嫩	리 빠 넌
오만	阿曼	아 만
아프가니스탄	阿富汗	아 푸 한
사우디아라비아	沙特阿拉伯	싸 터 아 라 뽀

아프리카	非洲	페이 쪼우
모로코	摩洛哥	모 루오 꺼
알제리	阿尔及利亚	아 얼 지 리 야
리비아	利比亚	리 삐 야
수단	苏丹	수 단
나이지리아	尼日利亚	니 리 리 야
에티오피아	埃塞俄比亚	아이 사이 으 삐 야
케냐	肯尼亚	컨 이 야

오세아니아	澳洲	아오 쪼우
오스트레일리아	澳大利亚	아오 다 리 야
뉴질랜드	新西兰	신 시 란
피지	斐济	페이 지

관련단어 **246쪽**

국가	国家	꾸오 지아
인구	人口	런 코우
수도	首都	쏘우 두
도시	城市	청 쓰
시민	市民	쓰 민
분단국가	分裂的国家	펀 리에 더 꾸오 지아
통일	统一	통 이
민주주의	民主主义	민 쭈 쭈 이
사회주의	社会主义	써 후이 쭈 이
공산주의	共产主义	꽁 찬 쭈 이
선진국	发达国家	파 다 꾸오 지아
개발도상국	发展中国家	파 짠 쫑 꾸오 지아
후진국	落后国家	루오 호우 꾸오 지아
전쟁	战争	짠 쩡
분쟁	纠纷	지우 펀
평화	和平	허 핑
고향	家乡	지아 싱
이민	移民	이 민
태평양	太平洋	타이 핑 양
대서양	大西洋	따 시 양
인도양	印度洋	인 뚜 양
3대양	三大洋	산 따 양
7대주	七大洲	치 따 쪼우

Unit 04 세계 도시 248쪽

한국어	중국어	발음
로스앤젤레스	洛杉矶	루오 싼 지
뉴욕	纽约	니우 위에
워싱턴DC	华盛顿特区	후아 성 둔 터 취
샌프란시스코	旧金山	지우 진 싼
파리	巴黎	빠 리
런던	伦敦	룬 둔
베를린	柏林	보 린
로마	罗马	루오 마
서울	首尔	쏘우 얼
북경	北京	뻬이 징
도쿄	东京	동 징
상해	上海	쌍 하이
시드니	悉尼	시 니

Part 3 비즈니스 단어

Chapter 01 경제 252쪽

한국어	중국어	발음
값이 비싼	价钱贵	지아 치엔 꾸이
값이 싼	价钱便宜	지아 치엔 피엔 이
경기불황	经济不景气	징 지 뿌 징 치
경기호황	经济景气	징 지 징 치
공급받다	接受	지에 쏘우
공급하다	供给	꽁 지
고객/의뢰인	委托人	웨이 투오 런
낭비	浪费	랑 페이
도산, 파산	破产	포어 찬
불경기	经济低迷	징 지 디 미
물가상승	物价上涨	우 지아 쌍 짱
물가하락	物价下跌	우 지아 시아 디에
돈을 벌다	挣钱	쩡 치엔
무역수지 적자	国际贸易逆差	꾸오 지 마오 이 니 차
무역수지 흑자	国际贸易顺差	꾸오 지 마오 이 쑨 차
상업광고	商业广告	쌍 예 구앙 까오
간접광고(PPL)	软广告	루안 꾸앙 까오
제조/생산	制造/生产	쯔 자오 / 썽 찬
수입	进口	진 코우
수출	出口	추 코우
중계무역	中转贸易	쫑 쭈안 마오 이
커미션	手续费	쏘우 쉬 페이
이익	利益	리 이
전자상거래	电子商务	디엔 즈 쌍 우
투자하다	投资	토우 즈

관련단어 254쪽

한국어	중국어	발음
독점권	垄断权	롱 두안 취엔
총판권	总经销权	종 징 시아오 취엔
상표권	商标权	쌍 삐아오 취엔
상표권침해	商标权侵权	쌍 삐아오 취엔 친 취엔
특허권	专利权	쭈안 리 취엔
인증서	认证书	런 쩡 쑤
해외법인	海外法人	하이 와이 파 런
자회사	子公司	즈 꽁 스
위생허가증	卫生许可证	웨이 썽 쉬 커 쩡
사업자등록증	营业执照	잉 예 쯔 짜오
오프라인	线下	시엔 시아
온라인	线上	시엔 쌍
레드오션전략	红海战略	홍 하이 짠 뤼에

블루오션전략	蓝海策略	란 하이 처 뤼에
퍼플오션전략	紫海战略	즈 하이 짠 뤼에
인플레이션	通货膨胀	통 후오 펑 짱
포화상태	饱和状态	빠오 허 쭈앙 타이
계약	签约	치엔 위에
합작	合作	허 주오
디플레이션	通货紧缩	통 후오 진 수오
성공	成功	청 꽁
실패	失败	쓰 빠이
벼락부자	报发户	빠오 파 후

Chapter 02 회사

Unit 01 직급, 지위 256쪽

회장	董事长	동 쓰 짱
사장	老板, 总经理	라오 빤, 종 징 리
부사장	副总经理	푸 종 징 리
부장	部长	뿌 쭈앙
차장	次长	츠 짱
과장	科长	커 짱
대리	代理	다이 리
주임	主任	쭈 런
사원	公司职员	꽁 스 쯔 위엔
상사	上司	쌍 스
동료	同事	통 쓰
부하	部下	뿌 시아
신입사원	新入职员	신 루 쯔 위엔
계약직	合同工	허 통 꽁
정규직	正式员工	쩡 쓰 위엔 꽁

관련단어 257쪽

임원	领导	링 다오
고문	顾问	꾸 원
중역	重任	쫑 런
전무	专务	쭈안 우
상무	常务	창 우
대표	代表	다이 삐아오

Unit 02 부서 258쪽

구매부	采购部	차이 꼬우 뿌
기획부	企划部	치 후아 뿌
법무부	法务部	파 우 뿌
연구개발부	研究开发部	엔 지우 카이 파 뿌
관리부	管理部	꾸안 리 뿌
회계부	会计部	쿠아이 지 뿌
영업부	营业部	잉 예 뿌
인사부	人事部	런 쓰 뿌
자금부	资金部	즈 진 뿌
경영전략부	经营战略部	징 잉 짠 뤼에 뿌
해외영업부	海外营业部	하이 와이 잉 예 뿌

Unit 03 근무시설 및 사무용품 260쪽

컴퓨터	电脑	디엔 나오
본체	主机	쭈 지
모니터	显示器	시엔 쓰 치
마우스	鼠标	쑤 삐아오
태블릿	图形输入板	투 싱 쑤 루 빤
노트북	笔记本电脑	삐 지 뻔 디엔 나오
책상	桌子	쭈오 즈
서랍	抽屉	초우 티
팩스	传真机	추안 쩐 지
복사기	复印机	푸 인 지
전화기	电话机	디엔 후아 지
A4용지	A4纸	에이포 쯔

스캐너	扫描仪	사오 미아오 이
계산기	计算器	지 수안 치
공유기	路由器	루 요우 치
일정표	日程表	르 청 비아오
테이블	桌子	쭈오 즈
핸드폰	手机	쏘우 지
스마트폰	智能手机	쯔 넝 쏘우 지

관련단어 262쪽

재부팅	重新启动	총 신 치 동
아이콘	图标	투 비아오
커서	光标	꾸앙 비아오
클릭	单击	단 지
더블클릭	双击	쑤앙 지
홈페이지	主页	쭈 예
메일주소	电邮地址	디엔 요우 디 쯔
첨부파일	附加文件	푸 지아 원 지엔
받은편지함	收件箱	쏘우 지엔 시앙
보낸편지함	发件箱	파 지엔 시앙
스팸메일	垃圾邮件	라 지 요우 지엔
댓글	跟帖	껀 티에
방화벽	防火墙	팡 후오 치앙

Unit 04 근로 263쪽

고용하다	雇佣	꾸 용
고용주	雇主	꾸 쭈
임금/급여	工资	꽁 즈
수수료	手续费	쏘우 쉬 페이
해고하다	解雇	지에 꾸
인센티브	提成	티 청
승진	升职	썽 쯔
출장	出差	추 차이
회의	会议	후이 이
휴가	休假	시우 지아
출근	上班	쌍 빤
퇴근	下班	시아 빤
조퇴	早退	자오 투이
지각	迟到	츠 다오
잔업	加班	지아 빤
연봉	年薪	니엔 신
이력서	履历表	뤼 리 비아오
가불	预支	위 쯔
은퇴	退休	투이 시우
회식	聚餐	쥐 찬

관련단어 264쪽

연금	退休金	투이 시우 진
보너스	奖金	지앙 진
월급날	工资日	꽁즈 르
아르바이트	打工	다 꽁
급여인상	涨工资	짱 꽁 즈

Chapter 03 증권, 보험 266쪽

증권거래소	证券交易所	쩡 취엔 지아오 이 수오
증권중개인	证券中介人	쩡 취엔 쭝 지에 런
주주	股东	꾸 동
주식, 증권	股票, 证券	꾸 피아오, 쩡 취엔
배당금	红利	홍 리
선물거래	期货交易	치 후오 지아오 이
주가지수	股票价格指数	꾸 피아오 지아 꺼 쯔 쑤
장기채권	长期债券	창 치 짜이 취엔
보험계약자	投保人	토우 빠오 런
보험회사	保险公司	빠오 시엔 꽁 즈

보험설계사	保险设计师	빠오 시엔 써 지 쓰
보험에 들다	买保险	마이 빠오 시엔
보험증서	保险单	빠오 시엔 단
보험약관	保险条款	빠오 시엔 티아오 쿠안
보험료	保险金	빠오 시엔 진
보상금	赔偿金	페이 창 진
피보험자	被保险人	뻬이 빠오 시엔 런

관련단어 268쪽

보증양도증서(certified transfer)	经核证的过户凭单	징 러 쩡 더 꾸오 후 핑 단
파생상품	衍生商品	엔 썽 쌍 핀
보험해약	解除保险合同	지에 추 빠오 시엔 허 퉁
보험금	保险费	빠오 시엔 페이
투자자	投资者	토우 즈 쩌
투자신탁	投资信托	토우 즈 신 투오
자산유동화	资产清算	즈 찬 칭 수안
유상증자	有偿增资	요우 창 정 즈
무상증자	无偿增资	우 창 정 즈
주식액면가	股面价格	꾸 미엔 지아 거
기관투자가	机构投资者	지 꼬우 토우 즈 쩌

Chapter 04 무역 270쪽

물물교환	物物交换	우 우 지아오 후안
구매자, 바이어	买方	마이 팡
클레임	索赔	수오 페이
덤핑	倾销	칭 시아오
수출	出口	추 코우
수입	进口	진 코우

선적	装船	쭈앙 추안
무역 보복	贸易报复	마오 이 빠오 푸
주문서	订单	딩 단
LC신용장	LC信用证	엘씨 신 용 쩡
관세	关税	꾸안 쑤이
부가세	增值税	정 쯔 쑤이
행우세	行邮税	싱 요우 쑤이
세관	海关	하이 꾸안
포워더(세관중개인)	货运代理人	후오 윈 다이 리 런
보세구역	保税区	빠오 쑤이 취

관련단어 272쪽

박리다매	薄利多销	보어 리 뚜오 시아오
컨테이너	集装箱	지 쭈앙 시앙
무역회사	贸易公司	마오 이 꿍 스
입찰	投标	토우 삐아오
패킹리스트	装箱单	쭈앙 시앙 단
인보이스	发货单	파 후오 단

Chapter 05 은행 274쪽

신용장	信用证	신 용 쩡
주택담보대출	住房担保贷款	쭈 팡 단 빠오 다이 쿠안
이자	利息	리 시
대출	贷款	다이 쿠안
입금	存钱	춘 치엔
출금	取钱	취 치엔
통장	存折	춘 쩌
송금	汇款	후이 쿠안
현금인출기	取款机	취 쿠안 지
수표	支票	쯔 피아오
온라인 송금	网上汇款	왕 쌍 후이 쿠안
외화송금	外汇汇款	와이 후이 후이 쿠안

321

| 환전 | 兑换 | 두이 후안 |
| 신용등급 | 信用等级 | 신 용 덩 지 |

관련단어 **275쪽**

매매기준율	买卖基本价	마이 마이 지 뻔 지아
송금환율	汇款汇率	후이 쿠안 후이 뤼
현찰 살 때 환율	现钞买入价	시엔 차오 마이 루 지아
현찰 팔 때 환율	现钞卖出价	시엔 차오 마이 추 지아
신용카드	信用卡	신 용 카
상환	偿付	창 푸
연체	拖欠	투오 치엔
고금리	高利息	까오 리 시
저금리	低利息	디 리 시
담보	担保	단 빠오
담보저당채권	有抵押债券	요우 디 야 짜이 취엔
계좌	账户	짱 후
적금	定期存款	딩 치 춘 쿠안

무조건 따라하면 통하는
일상생활 영어 여행회화 365
이원준 저 | 128*188mm | 368쪽
14,000원(mp3 파일 무료 제공)

무조건 따라하면 통하는
일상생활 일본 여행회화 365
이원준 저 | 128*188mm | 368쪽
14,000원(mp3 파일 무료 제공)

무조건 따라하면 통하는
일상생활 중국 여행회화 365
이원준 저 | 128*188mm | 368쪽
14,000원(mp3 파일 무료 제공)

무조건 따라하면 통하는
일상생활 베트남 여행회화 365
FL4U컨텐츠 저 | 128*188mm | 368쪽
14,000원(mp3 파일 무료 제공)

가장 알기 쉽게 배우는
바로바로 영어 독학 단어장
이민정, 장현애 저 | 128*188mm | 324쪽
14,000원(mp3 파일 무료 제공)

가장 알기 쉽게 배우는
바로바로 일본어 독학 단어장
서지위, 장현애 저 | 128*188mm | 308쪽
14,000원(본문 mp3 파일 무료 제공)

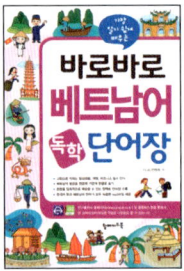

가장 알기 쉽게 배우는
바로바로 베트남어 독학 단어장
FL4U컨텐츠 저 | 128*188mm | 324쪽
14,000원(본문 mp3 파일 무료 제공)

가장 알기 쉽게 배우는
바로바로 프랑스어 독학 단어장
김정란 저 | 128*188mm | 328쪽
14,000원(본문 mp3 파일 무료 제공)

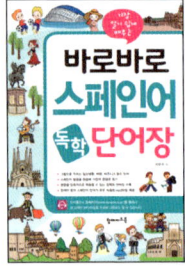

가장 알기 쉽게 배우는
바로바로 스페인어 독학 단어장
박은주 저 | 128*188mm | 328쪽
14,000원(본문 mp3 파일 무료 제공)

가장 알기 쉽게 배우는
바로바로 독일어 독학 단어장
양혜영 저 | 128*188mm | 324쪽
14,000원(본문 mp3 파일 무료 제공)